TO LILLY

HAVE A LOVELY XMAS
FROM NANNY @ GRANDAD "FRANCE"

XXXX

HARRAP'S

First English Dictionary

21 rue du Montparnasse
75253 Paris Cedex 06, France
ISBN : 978-2-81-870544-5

HARRAP's® est une marque de Larousse SAS.

Direction de la publication
Carine Girac-Marinier

Direction éditoriale
Claude Nimmo

Direction éditoriale adjointe
Julie Pelpel-Moulian

Édition
Marie Gabiache

Rédaction
Gaëlle Amiot-Cadey

Direction artistique
Uli Meindl, Sophie Rivoire

Mise en page
Les PAOistes

Informatique éditoriale
Dalila Abdelkader

Fabrication
Rebecca Dubois

Sommaire

Les planches illustrées

Pour télécharger les sons :
Adresse : mtl.fm/dicoharrap
Code d'accès : anglais

A

a
un, une

- Would you like a pear or an apple?
  Tu veux une poire ou une pomme ?

> ***Attention !*** *A devient* ***an*** *devant les mots qui commencent par une voyelle, comme dans* ***an apple****.*

about
environ
- What are you talking about?
  De quoi parles-tu ?
- There are about 25 people in my class.
  Il y a environ 25 personnes dans ma classe.

an address
une adresse

- What's your address?
  Quelle est ton adresse ?

an afternoon
un après-midi
- I'm going swimming this afternoon.
  Je vais nager cet après-midi.
- Good afternoon!
  Bonjour !

again
encore
- Tell me again!
  Dis-le-moi encore une fois !
- Don't do that again!
  Ne recommence pas !

A B C D E F G H I J K L M N O P Q R S T U V W X Y Z

all

tout, toute, tous, toutes

- I've invited all my friends.

  J'ai invité tous mes amis.

alone

seul, seule, seuls, seules

- She's all alone.

  Elle est toute seule.

- Leave me alone!

  Laisse-moi tranquille !

always

toujours

- He's always late.

  Il est toujours en retard.

America

l'Amérique

- I'm going to America.

  Je vais en Amérique.

America

On utilise *America* **(l'Amérique) pour parler du continent américain, mais ce mot désigne aussi souvent un pays, les États-Unis d'Amérique (***the United States of America***). Les États-Unis s'appellent aussi les** *USA* **(et se prononcent « iou-ess-ai »).**

and

et

- I have a brother and a sister.

  J'ai un frère et une sœur.

an animal

un animal

- I love animals.

  J'adore les animaux.

another

encore un,
encore une

- **Can I have another biscuit?**
  Je peux avoir encore un biscuit ?

any

du, de l', de la, des, de

- **There isn't any water in the fridge.**
  Il n'y a pas d'eau dans le frigo.
- **Have you got any paper?**
  Est-ce que tu as du papier ?

an apple

une pomme

- **Can I have an apple?**
  Est-ce que je peux avoir une pomme ?

The Big Apple

La ville de New York aux États-Unis est surnommée the Big Apple, *« la Grosse Pomme ». New York n'est pas la capitale des États-Unis, mais c'est une des villes les plus connues. Sais-tu comment s'appelle la capitale des USA ?*

an arm

un bras

- **an alien with four arms**
  un extraterrestre à quatre bras

to ask

demander

- **Ask the teacher.**
  Demande à la maîtresse.
- **Can I ask you a question?**
  Est-ce que je peux te poser une question ?

at

à

- **I'm at school.**
  Je suis à l'école.

My house Ma maison

a neighbour
une voisine

a bin
une poubelle

the bathroom
la salle de bain

the bedroom la chambre

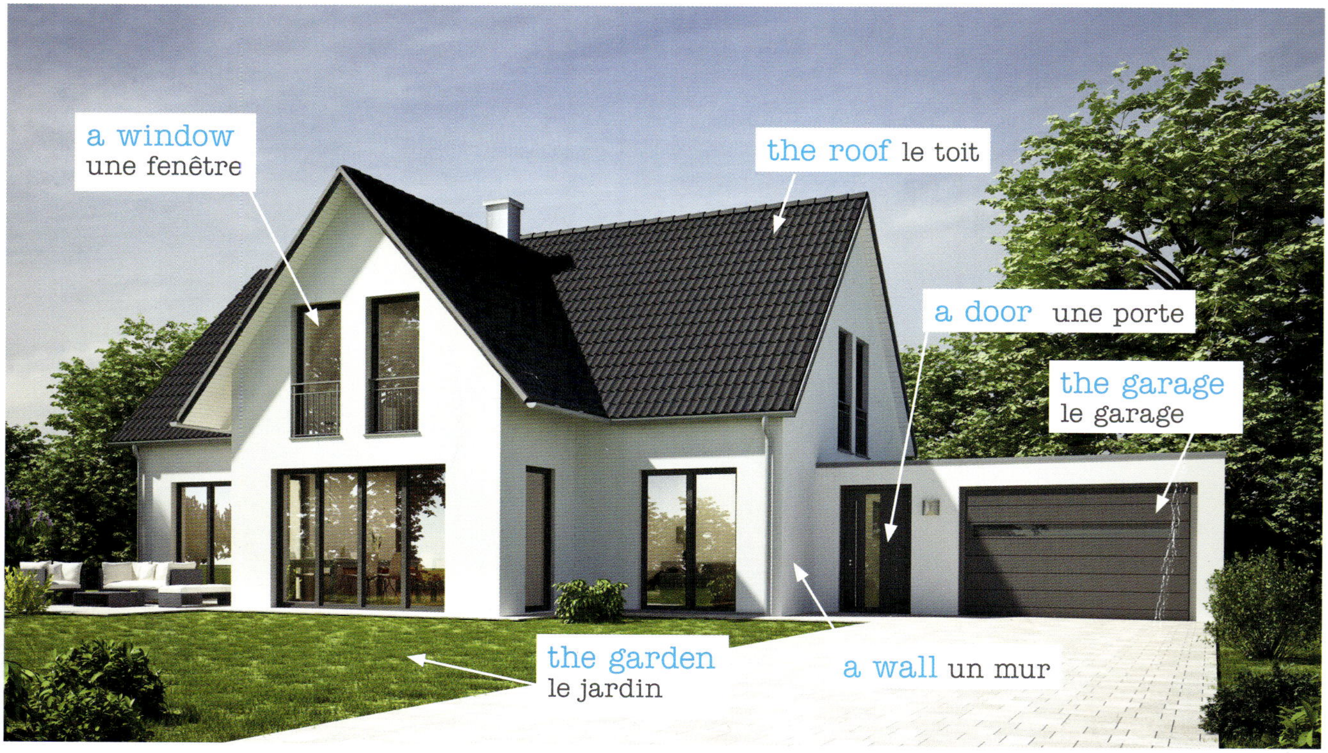

a room une pièce

the attic le grenier

a dog un chien

the kitchen la cuisine

a washing machine
une machine à laver

the living room le salon

the shower
la douche

the toilet les toilettes

a chair
une chaise

a table une table

a goldfish
un poisson rouge

an armchair
un fauteuil

a sofa un sofa

a cat un chat

a cupboard
un placard

the stairs
l'escalier

the dining room la salle à manger

B

a baby
un bébé

- The baby is smiling.

  Le bébé sourit.

a back
un dos

- Ouch! My back!

  Aïe ! Mon dos !

back
de retour

- I'll be back at eight.

  Je serai de retour à 8 heures.

bad
mauvais, mauvaise, mauvaises

- I'm in a bad mood!

  Je suis de mauvaise humeur !

a ball
une balle,

un ballon

- a tennis ball

  une balle de tennis

a banana
une banane

- The monkey is eating a banana.

  Le singe mange une banane.

a bathroom
une salle de bains

- Where is the bathroom?

  Où est la salle de bains ?

to be
être

- They are very happy.

  Ils sont très heureux.

To be

Présent	Passé simple
I am	I was
you are	you were
he, she, it is	he, she, it was
we are	we were
you are	you were
they are	they were

Participe passé
- been

a beach
une plage

- We're playing on the beach.

  Nous jouons sur la plage.

On the beach
Sur la plage au Royaume-Uni, on peut souvent faire une balade à dos d'âne.

because
parce que

- I'm sad because I've lost my koala.

  Je suis triste parce que j'ai perdu mon koala.

a bed
un lit

- Emily's in bed.

  Emily est couchée.

The tooth fairy
Quand un enfant anglais perd une dent, il la met sous son oreiller. ***The tooth fairy*** *(la petite fée des dents) passe la prendre pendant la nuit et met à la place une petite pièce.*

a bedroom
une chambre

- Let's play in my bedroom.

  Allons jouer dans ma chambre.

a b c d e f g h i j k l m n o p q r s t u v w x y z

A B C D E F G H I J K L M N O P Q R S T U V W X Y Z

before
avant

- Come back before midnight!
  Reviens avant minuit !

to begin
commencer

- The story begins in a castle.
  L'histoire commence dans un château.

Attention ! Le passé de **begin** est **began** et le participe passé est **begun**.

best
meilleur, meilleure,
meilleurs, meilleures

- She's my best friend.
  C'est ma meilleure amie.

better
mieux

- I feel better now.
  Je me sens mieux maintenant.

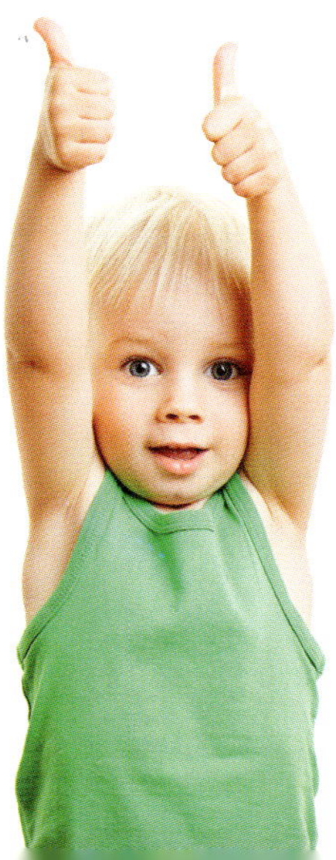

a bicycle
un vélo

- I have a new bicycle.
  J'ai un nouveau vélo.

Tu peux aussi dire **bike** pour « vélo » :
I'm riding my bike.
Je fais du vélo.

big
grand, grande,
grands, grandes

- a big tree un grand arbre
- the big bad wolf
  le grand méchant loup

Big Ben

Big Ben est le surnom de la cloche de la tour du parlement à Londres. Le son de cette cloche est très connu. Saurais-tu chanter l'air ? Beaucoup de gens se trompent en pensant que **Big Ben** est le nom de l'horloge ou de la tour elle-même.

a bird
un oiseau

- A bird is flying in the sky.
  Un oiseau vole dans le ciel.

a birthday

un anniversaire

- Happy birthday!

  Joyeux anniversaire !

Birthday party

Comment s'organise un anniversaire en Grande-Bretagne ? On invite ses amis à une ***birthday party*** *(fête d'anniversaire) et on fait des jeux comme* ***pass-the-parcel*** *: un paquet recouvert de plusieurs couches de papier passe de main en main pour être déballé, jusqu'à ce que le dernier participant découvre – enfin ! – ce qu'il y a dedans. À la fin de la fête, chacun repart avec son petit* ***party bag*** *contenant quelques petits cadeaux et une part de gâteau. Les cadeaux d'anniversaire sont ouverts une fois les invités partis.*

a bit

un peu

- I'm a bit tired.

  Je suis un peu fatigué.

black

noir, noire, noirs, noires

- Where's my black pen?

  Où est mon stylo noir ?

Black cabs

Les taxis londoniens, appelés ***black cabs****, sont souvent noirs.*

blue

bleu, bleue, bleus, bleues

- I have blue eyes.

  J'ai les yeux bleus.

a boat

un bateau

- a little boat un petit bateau

a book

un livre

- I am reading a book.

  Je lis un livre.

a boot

une botte

- I'm putting my boots on.

  Je mets mes bottes.

a b c d e f g h i j k l m n o p q r s t u v w x y z

My bedroom Ma chambre

a chest of drawers
une commode

roller blades
des rollers

a jigsaw puzzle
un puzzle

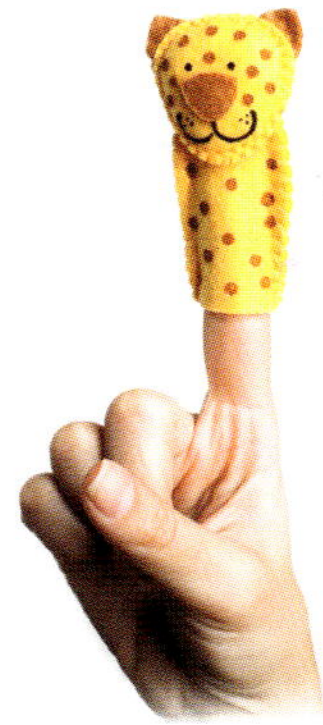

a laptop
un ordinateur portable

an alarm clock
un réveil

a puppet
une marionnette

a board game
un jeu de société

a lamp
une lampe

a chair
une chaise

a pillow
un oreiller

a poster
un poster

a duvet
une couette

a toy
un jouet

an MP3 player
un lecteur MP3

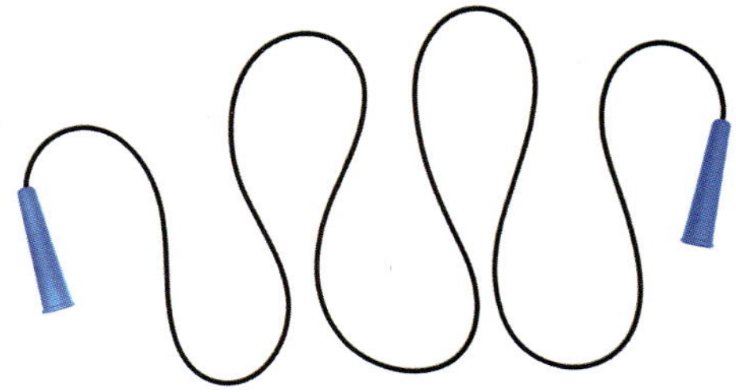

a skipping rope
une corde à sauter

a cuddly toy
une peluche

a book
un livre

a doll
une poupée

a bedside table
une table de chevet

a bed
un lit

a camera
un appareil photo

a shelf
une étagère

a wardrobe
une armoire

a doll's house
une maison de poupée

a teddy bear
un nounours

a bottle

une bouteille

- a bottle of milk

  une bouteille de lait

The milkman

*Il existe encore des livreurs de lait (**milkmen**) au Royaume-Uni. Le matin, ils déposent devant les portes une bouteille en verre contenant du lait (**milk**).*

a boy

un garçon

- a young boy

  un petit garçon

bread

le pain

- a slice of bread

  une tranche de pain

Bread

Le pain qu'on mange au Royaume-Uni est presque toujours du pain de mie.

to break

casser

- Don't break my phone!

  Ne casse pas mon téléphone !

Attention ! Le passé de **break** est **broke** et le participe passé est **broken**.

breakfast

le petit déjeuner

- I have cereal for breakfast.

  Je mange des céréales au petit déjeuner.

Breakfast

*On sert parfois un petit déjeuner copieux au Royaume-Uni, le **full English breakfast**. Dans ton assiette, tu trouveras des saucisses, du bacon, des œufs, des tomates et champignons frits ou grillés, et des haricots blancs à la sauce tomate sucrée. Ça te tente ?*

to bring
apporter

- **Bring me a book.**
  Apporte-moi un livre.

a brother
un frère

- **I have two brothers.**
  J'ai deux frères.

a bus
un bus

- **I take the bus to school.**
  Je prends le bus pour aller à l'école.
- **I'm on the bus.**
  Je suis dans le bus.
- **a bus stop**
  un arrêt de bus

busy
occupé, occupée
occupés, occupées

- **Sam is very busy.**
  Sam est très occupé.

but
mais

- **I like chocolate but not sweets.**
  J'aime le chocolat mais pas les bonbons.

butter
le beurre

- **Would you like some butter?**
  Veux-tu du beurre ?

to buy
acheter

- **I'm going to buy a present.**
  Je vais acheter un cadeau.

> **Attention !** Le passé et le participe passé de **buy** sont **bought**.

by
en

- **I always go to school by bus.**
  Je vais toujours à l'école en bus.

bye!
salut !

- **I'm going. Bye!**
  Je m'en vais. Salut !
- **Bye bye!** Au revoir !

> **Attention !** Ne confonds pas **buy**, **by** et **bye**. Ils se prononcent tous de la même manière mais s'écrivent de façon différente. Cherche-les sur cette page !

A B C D E F G H I J K L M N O P Q R S T U V W X Y Z

C

a cake

un gâteau

- a chocolate cake

  un gâteau au chocolat

to call

appeler

- Call me tomorrow.

  Appelle-moi demain.

- What's this called?

  Comment ça s'appelle ?

can

pouvoir, savoir

- Can you help me?

  Tu peux m'aider ?

- Can you swim?

  Tu sais nager ?

a car

une voiture

- This is my mum's car.

  C'est la voiture de ma mère.

Watch out!

Au Royaume-Uni, on roule à gauche et le volant est à droite. Attention en traversant la route : regarde du bon côté !

careful

prudent, prudente, prudents, prudentes

- He's always very careful.

  Il est toujours très prudent.

- Be careful!

  Fais attention !

a carrot

une carotte

- My rabbit loves carrots.
  Mon lapin adore les carottes.

a castle

un château

- an old castle
  un vieux château

Castles

*La reine d'Angleterre a plusieurs châteaux dont **Windsor** à côté de Londres et **Balmoral** en Écosse.*

a cat

un chat, une chatte

- I have a new cat.
  J'ai un nouveau chat.

a chair

une chaise

- I'm sitting on a chair.
  Je suis assis(e) sur une chaise.

cheese

le fromage

- a cheese sandwich
  un sandwich au fromage

a chicken

un poulet

- a roast chicken
  un poulet rôti

a child

un enfant, une enfant

- Good night, children!
  Bonne nuit, les enfants !

a chip

une frite

- I like chips.
  J'aime les frites.

In the kitchen Dans la cuisine

a spoon
une cuillère

a fork
une fourchette

a plate
une assiette

a fridge
un réfrigérateur

a knife
un couteau

a glass
un verre

a saucepan
une casserole

a cooker
une cuisinière

fruit
des fruits

a pear
une poire

a strawberry
une fraise

a banana
une banane

grapes
du raisin

a cherry
une cerise

an apple
une pomme

a lemon
un citron

an orange
une orange

broccoli
les brocolis

peas
des petits pois

salad
de la salade

vegetables
des légumes

a tomato
une tomate

a mushroom
un champignon

an onion
un oignon

a potato
une pomme de terre

a carrot
une carotte

A B C D E F G H I J K L M N O P Q R S T U V W X Y Z

chocolate

le chocolat

- He's eating chocolate.
  Il mange du chocolat.

Christmas

Noël

- a Christmas tree
  un sapin de Noël
- Merry Christmas!
  Joyeux Noël !

Christmas

Le 25 décembre au Royaume-Uni, on mange un énorme repas, on chante des chants de Noël et, sur la table, on trouve des **Christmas crackers** : ce sont des petits paquets qui contiennent un cadeau, un chapeau en papier et une blague. On les ouvre d'un coup en tirant sur le pétard caché dedans. Pendant la période de Noël, on envoie des **Christmas cards** (cartes de vœux) à tous ses amis et à sa famille.

a cinema

un cinéma

- We're going to the cinema.
  Nous allons au cinéma.

clean

propre, propres

- My hands are clean.
  J'ai les mains propres.

a clock

une horloge

- an alarm clock un réveil

It's one o'clock!

La petite aiguille est sur le 1 et la grande aiguille est sur le 12, il est donc **one o'clock** ! L'expression **o'clock** s'emploie pour parler de l'heure pile.
Il est deux heures. = **It's two o'clock.**
Et pour savoir comment dire l'heure en anglais, regarde la page 86.

to close
fermer

- Close your eyes!
  Ferme les yeux !

a cloud

un nuage

- the clouds in the sky
  les nuages dans le ciel

a coat
un manteau

- Put your coat on.
  Mets ton manteau.

a coffee
un café

- a cup of coffee
  une tasse de café

cold
froid, froide, froids, froides

- I'm cold. J'ai froid.
- It's cold outside.
  Il fait froid dehors.

> ***Attention ! Cold*** *peut vouloir dire plusieurs choses ! Regarde le mot suivant.*

a cold
un rhume

- I've got a cold.
  J'ai un rhume.

to come
arriver

- Come here! Viens ici !
- I'm coming! J'arrive !
- Come on! Allez !
- Come back! Reviens !
- Come in! Entrez !

> ***Attention !*** *Le passé de* ***come*** *est* ***came*** *et le participe passé est* ***come****.*

a computer
un ordinateur

- I've got a new computer.
  J'ai un nouvel ordinateur.

to cook
faire la cuisine

- I like cooking.
  J'aime bien faire la cuisine.

to count
compter

- I can count from one to ten.
  Je sais compter de 1 à 10.

a country
un pays

- Which country are you from?
  Tu es de quel pays ?
- in the country
  à la campagne

a cow
une vache

- Cows eat grass.
  Les vaches mangent de l'herbe.

a crocodile
un crocodile

- Help! A crocodile!
  Au secours ! Un crocodile !

to cry
pleurer

- Don't cry! Ne pleure pas !

Attention ! *Le passé et le participe passé de* ***cry*** *sont* ***cried****.*

D

dad
papa

- **Hello, dad!**
  Bonjour papa !

> *On peut aussi dire **daddy** pour « papa ». Le mot **daddy** n'est utilisé que par les tout-petits ; en revanche le mot **dad** ne fait pas « bébé ». Même les adultes s'en servent pour parler de leur père.*

to dance
danser

- **Let's dance!**
  Dansons !

a daughter
une fille

- **That's my daughter.**
  C'est ma fille.

a day
un jour

- **I call her every day.**
  Je l'appelle tous les jours.

The days of the week !

- ***Monday*** .... *lundi*
- ***Tuesday*** .... *mardi*
- ***Wednesday*** .... *mercredi*
- ***Thursday*** .... *jeudi*
- ***Friday*** .... *vendredi*
- ***Saturday*** .... *samedi*
- ***Sunday*** .... *dimanche*

> ***Attention !*** *Les jours de la semaine s'écrivent toujours avec une majuscule en anglais, tout comme les mois de l'année. Cherche **month** dans ton dictionnaire, et tu les trouveras.*

Meals Les repas

breakfast
le petit déjeuner

coffee
du café

tea
du thé

an egg
un œuf

bread
du pain

butter
du beurre

milk
du lait

fruit juice
du jus de fruits

toast
du pain grillé

a yoghurt
un yaourt

honey
du miel

jam
de la confiture

cheese
du fromage

cereal
des céréales

lunch
le déjeuner

fish and chips
du poisson et des frites

a packet of crisps
un paquet de chips

pasta
des pâtes

ham
du jambon

a sandwich
un sandwich

a cake
un gâteau

dinner
le dîner

a pie
une tarte

pizza
de la pizza

a drink
une boisson

pepper
du poivre

salad
de la salade

salt
du sel

chicken
du poulet

rice
du riz

water
de l'eau

A B C D E F G H I J K L M N O P Q R S T U V W X Y Z

dear

cher, chère, chers, chères

- Dear Mr Jones...
  Cher Monsieur Jones...
- Oh dear! Oh la la !

dinner

le dîner

- They're cooking dinner.
  Elles préparent le dîner.

dirty

sale, sales

- My dress is dirty.
  Ma robe est sale.

to do

faire

- What are you doing?
  Qu'est-ce que tu fais ?
- I'm doing my homework.
  Je fais mes devoirs.

To do

présent
- *I do*
- *you do*
- *he, she, it does*
- *we do*
- *you do*
- *they do*

passé simple
- *did*

participe passé
- *done*

a doctor

un médecin

- My dad is a doctor.
  Mon père est médecin.

a dog

un chien, une chienne

- My dog is called Max.
  Mon chien s'appelle Max.

The Queen's dogs

La reine d'Angleterre a des ***Welsh Corgis****, une race de chiens gallois. Elle leur donne à manger elle-même lorsqu'elle est au palais.*

a door

une porte

- **Close the door.**
  Ferme la porte.

down

en bas

- **Are you coming down?**
  Tu descends ?

to draw

dessiner

- **I can draw dinosaurs.**
  Je sais dessiner les dinosaures.

a drawing

un dessin

- **She did a drawing of a dinosaur.**
  Elle a dessiné un dinosaure.

a dress

une robe

- **I'm wearing my new dress.**
  J'ai mis ma robe neuve.

to drink

boire

- **He's drinking orange juice.**
  Il boit du jus d'orange.

Attention ! Le passé de **drink** est **drank** et le participe passé est **drunk**.

a drink

une boisson

- **a cold drink**
  une boisson fraîche

Attention ! Drink peut vouloir dire plusieurs choses ! Regarde le mot précédent.

dry

sec, sèche, secs, sèches

- **My T-shirt is dry.**
  Mon tee-shirt est sec.

A B C D **E** F G H I J K L M N O P Q R S T U V W X Y Z

E

each
chaque

- **Look at each picture.**
  Regarde chaque image.

Easter
Pâques

- **an Easter egg**
  un œuf de Pâques

Easter eggs
En Grande-Bretagne et aux États-Unis, c'est un lapin, le **Easter bunny**, qui apporte les œufs de Pâques.

to eat
manger

- **He's eating a sandwich.**
  Il mange un sandwich.

Attention ! Le passé de **eat** est **ate** et le participe passé est **eaten**.

Sandwich
Sais-tu d'où vient le mot **sandwich** ?
Il était une fois un comte qui s'appellait Sandwich et qui aimait jouer aux cartes. Un jour, il demanda à ses domestiques de lui préparer quelque chose qu'il puisse manger sans interrompre sa partie. On lui servit de la viande entre deux tranches de pain – facile et rapide à manger !

an egg
un œuf

- fried eggs
  des œufs sur le plat
- a boiled egg
  un œuf à la coque

• an elephant
un éléphant

- That elephant is so cute!
  Cet éléphant
  est trop mignon !

an email
un e-mail

- I'll send you an email.
  Je vais t'envoyer un e-mail.

an end
une fin

- at the end of the film
  à la fin du film

England
l'Angleterre

- I come from England, and you?
  Je viens d'Angleterre, et toi ?

Geography
L'Angleterre (**England**) est un pays qui se trouve sur l'île de la Grande-Bretagne (**Great Britain**), avec le pays de Galles (**Wales**) et l'Écosse (**Scotland**). Le Royaume-Uni (**United Kingdom**) est le pays qui regroupe ces trois nations, ainsi que l'Irlande du nord (**Northern Ireland**).

English
anglais, anglaise, anglaises

- Do you speak English?
  Parles-tu anglais ?

N'oublie pas ! Le mot ***English*** *doit toujours commencer par une majuscule.*

At school À l'école

the board
le tableau

the classroom
la salle de classe

a pen
un stylo

a pencil
un crayon

a school bag
un cartable

scissors
des ciseaux

a ruler
une règle

a teacher
une professeure

an exercise book
un cahier

a pencil case
une trousse

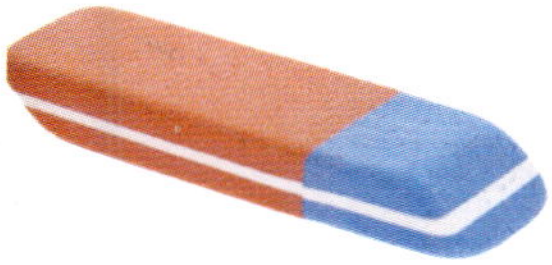

a rubber
une gomme

paper
du papier

a pencil sharpener
un taille-crayon

a desk
un bureau

glue
de la colle

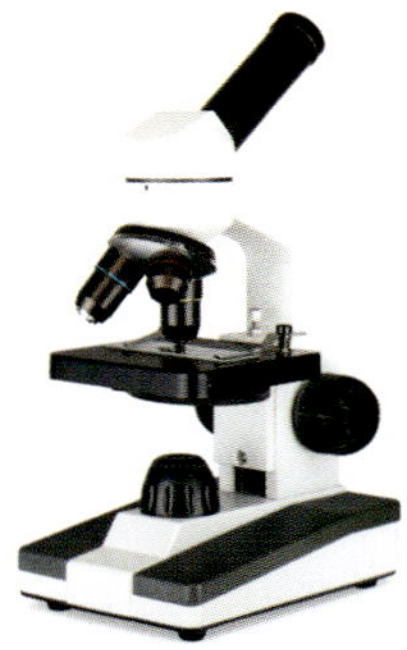

science
la science

technology
la technologie

history
l'histoire

English
l'anglais

maths
les maths

music
la musique

ICT
l'informatique

geography
la géographie

A B C D E F G H I J K L M N O P Q R S T U V W X Y Z

to enjoy
aimer

- I enjoy listening to music.
  J'aime bien écouter de la musique.
- Enjoy yourself!
  Amuse-toi bien !

enough
assez

- That's enough!
  Ça suffit !

an evening
un soir

- I like to walk my dog in the evening.
  J'aime bien promener mon chien le soir.
- Good evening!
  Bonsoir !

every
tout, toute, tous, toutes

- I walk to school every day.
  Je vais à l'école à pied tous les jours.

except
sauf

- Everyone can swim except me.
  Tout le monde sait nager sauf moi.

an eye
un œil

- I have green eyes.
  J'ai les yeux verts.

*Sais-tu que **eye** et **I** se prononcent de la même manière ? Ce son ressemble à « Aïe ! » en français. Va chercher **I** dans le dictionnaire pour voir ce que ça veut dire.*

The London Eye

*Cette grande roue de Londres se trouve au bord de la Tamise (**River Thames**), en face du parlement et de la tour de Big Ben. Elle fut construite pour les festivités de l'an 2000. On peut monter à bord pour admirer tout Londres de haut – quand il n'y a pas trop de brouillard !*

a b c d e f g h i j k l m n o p q r s t u v w x y z

F

a face

un visage

- She has a beautiful face.

  Elle a un très beau visage.

fair

juste, justes

- That's not fair! Ce n'est pas juste !

a family

une famille

- my family

  ma famille

famous

célèbre, célèbres

- She's a famous singer.

  C'est une chanteuse célèbre.

fast

rapide, rapides

- This train is very fast.

  Ce train est très rapide.

A B C D E F G H I J K L M N O P Q R S T U V W X Y Z

a father

un père

- My father is a teacher.

  Mon père est prof.

Father's Day

Pour la fête des Pères, le 3e dimanche de juin, on offre une carte et un petit cadeau fait main.

favourite

préféré, préférée, préférés, préférées

- Purple is my favourite colour.

  Le violet est ma couleur préférée.

a film

un film

- I love this film!

  J'adore ce film !

to find

trouver

- Help me find my book.

  Aide-moi à trouver mon livre.

***Attention !** Le passé et le participe passé de **find** sont **found**.*

fine

très bien

- How are you? — I'm fine!

  Comment vas-tu ? — Bien, très bien !

a fire

un feu

- Fire is dangerous.

  Le feu est dangereux.

- a fire engine

  une voiture de pompiers

a fish

un poisson

- He doesn't like fish.

  Il n'aime pas le poisson.

Fish and chips

*Le **fish and chips** est un plat typiquement britannique, composé de poisson pané frit et de frites arrosées de vinaigre. On l'achète dans un **fish-and-chip shop** (le **chippy**) et on l'emporte emballé dans du papier pour le manger chez soi, dans la rue, ou même à la plage, pour se réchauffer lorsque le soleil n'est pas au rendez-vous...*

a flag
un drapeau

- the British flag
  le drapeau britannique

Flags

*Le drapeau britannique s'appelle **the Union Jack** – va voir «Union Jack» à la lettre U pour en savoir plus. Le drapeau américain a 50 étoiles : une pour chaque état des États-Unis.*

a flower
une fleur

- Mum loves flowers.
  Maman adore les fleurs.

to fly
voler

- The plane is flying in the clouds.
  L'avion vole dans les nuages.

food
la nourriture

- organic food
  les aliments bio

a foot
un pied

- I've hurt my foot.
  Je me suis fait mal au pied.

football
le football

- They're playing football.
  Ils jouent au football.

Football and soccer

*Le **football** est un sport qui a ses origines en Angleterre. Mot à mot, c'est le «pied-balle» ! Les Américains appellent ce sport **soccer** et réservent le mot **football** pour leur football à eux !*

for
pour

- This is for you.
  C'est pour toi.

to forget
oublier

- Don't forget to call your dad!
  N'oublie pas d'appeler ton père !

***Attention !** Le passé de **forget** est **forgot** et le participe passé est **forgotten**.*

In town En ville

the cinema
le cinéma

a train
un train

the library
la bibliothèque

the train station
la gare

a bus
un bus

the traffic lights
les feux

a bike
un vélo

a house
une maison

the bookshop
la librairie

the airport
l'aéroport

a car
une voiture

a monument
un monument

a lorry
un camion

a shop
un magasin

the bank
la banque

a plane
un avion

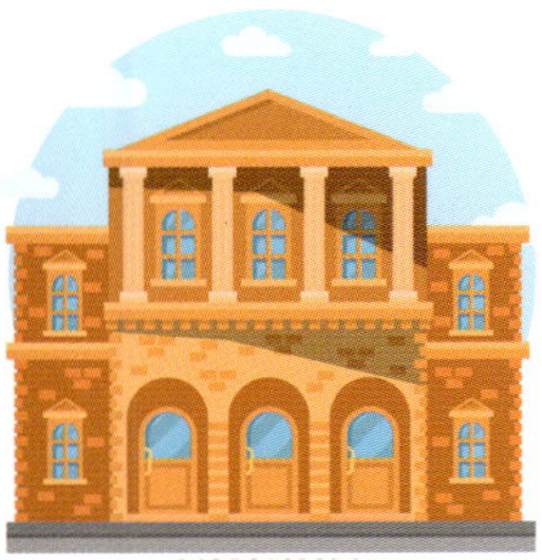

the museum
le musée

the supermarket
le supermarché

the hotel
l'hôtel

a street
une rue

a taxi
un taxi

the park
le parc

a motorbike
une moto

the square
la place

the school
l'école

the post office
la poste

the restaurant
le restaurant

the grocery
l'épicerie

A B C D E F G H I J K L M N O P Q R S T U V W X Y Z

free

gratuit, gratuite,

gratuits, gratuites

- Admission is free.

  L'entrée est gratuite.

- Is this seat free?

  Est-ce que cette place est libre ?

> *Comme tu le vois dans cet exemple, **free** veut également dire « libre ».*

a friend

un ami, une amie

- We're friends.

  Nous sommes amies.

from

de, d'

- Where do you come from?

  D'où venez-vous ?

- I come from China

  Je viens de Chine.

fruit

les fruits

- a piece of fruit

  un fruit

- fruit juice le jus de fruits

fun

- Have fun!

  Amuse-toi bien !

funny

drôle, drôles

- My brother is very funny.

  Mon frère est très drôle.

Red Nose Day

*Au Royaume-Uni, une année sur deux au mois de mars, on fête le **Red Nose Day** (« le jour des nez rouges de clowns »). Ce jour-là, on collecte de l'argent pour ceux qui en ont besoin, tout en faisant quelque chose de drôle (**funny**) : les enfants vont à l'école en pyjama, les hommes se font épiler les jambes, on se teint les cheveux en rouge... C'est un peu la version britannique du téléthon et de nombreux comiques y participent. Port du nez rouge (**red nose**) obligatoire !*

G

a game

un jeu

- I want to play a game.

  Je veux jouer à un jeu.

Let's play a game!

*Dans la cour de récréation (**playground**), on joue souvent à **tag** (au chat). Quand le « chat » attrape quelqu'un, il crie **You're it!** (C'est toi !). À la maison, on joue aussi à **Hide-and-Seek** (cache-cache, ou mot à mot « cache-et-cherche »). On compte jusqu'à dix, les yeux fermés, puis on crie **Ready or not, here I come!** (Que vous soyez prêts ou pas, j'arrive !) avant d'aller dénicher ses copains. Une autre version de **Hide-and-Seek** s'appelle **Sardines**. Cette fois, une seule personne se cache et le reste du groupe se disperse pour la chercher. Dès qu'on trouve la personne cachée, il faut se joindre à elle dans la cachette et attendre jusqu'à ce que, petit à petit, tout le monde se retrouve dans la même cachette, serrés comme des sardines ! Le dernier à trouver la cachette a perdu – c'est à lui d'aller se cacher.*

a garden

un jardin

- a big garden

  un grand jardin

to get

recevoir

- I got money for my birthday.

  J'ai reçu de l'argent pour mon anniversaire.

to get up

se lever

- I get up at seven.

  Je me lève à sept heures.

Attention ! *Le passé et le participe passé de **get** sont **got**.*

a girl
une fille

- a little girl une petite fille

to give
donner

- Give it to me!
  Donne-le-moi !
- Give me the ball.
  Donne-moi la balle.

Attention ! Le passé de **give** est **gave** et le participe passé est **given**.

a glass
un verre

- He wears glasses.
  Il porte des lunettes.
- a glass of water un verre d'eau.

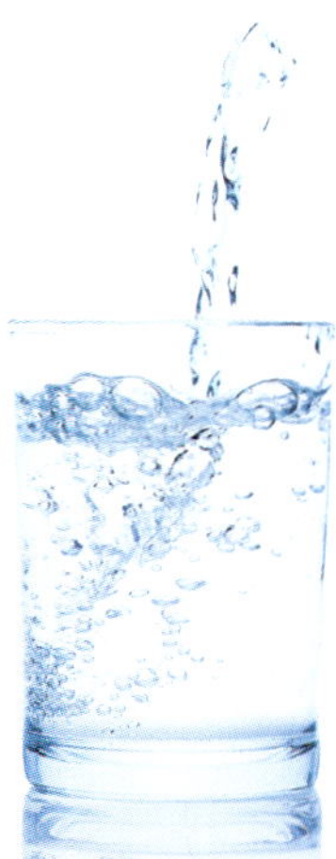

to go
aller

- I'm going to school.
  Je vais à l'école.

Attention ! Le passé de **go** est **went** et le participe passé est **gone**.

gold
l' or

- It's made of gold. C'est en or.

good
bon, bonne, bons, bonnes

- It's a good film.
  C'est un bon film.

goodbye

au revoir

- Goodbye, Mum!

  Au revoir Maman !

grass

l' herbe

- Let's sit on the grass.

  Asseyons-nous sur l'herbe.

great

génial, géniale, géniaux, géniales

- I have a great idea!

  J'ai une idée géniale !

- I feel great.

  Je me sens en pleine forme.

green

vert, verte, verts, vertes

- I love green beans.

  J'adore les haricots verts.

St Patrick's Day

Le 17 mars, c'est la fête des Irlandais ! On s'habille en vert, on se peint une feuille de trèfle (**shamrock**) sur la figure. Si tu cherches bien, tu verras peut-être un **leprechaun** : c'est un lutin irlandais qui cache son chaudron rempli d'or au bout des arcs-en-ciel.

a guitar

une guitare

- He plays the guitar.

  Il joue de la guitare.

a b c d e f g h i j k l m n o p q r s t u v w x y z

Hobbies Les loisirs

...the violin
...du violon

...the piano
...du piano

...video games
...aux jeux vidéo

...dominoes
...aux dominos

...cards
...aux cartes

I play...
Je joue...

...tennis
...au tennis

...football
...au football

...acting
...faire du théâtre

...dancing
...danser

...playing with my friends
...jouer avec mes amis

...cooking
...faire la cuisine

...walking
...faire des balades

...drawing
...dessiner

...listening to music
...écouter de la musique

...painting
...peindre

...reading comics
...lire des bandes déssinées

...watching DVDs
...regarder des DVD

...singing
...chanter

...going to the cinema
...aller au cinéma

...camping
...faire du camping

A B C D E F G **H** I J K L M N O P Q R S T U V W X Y Z

H

hair
les cheveux

- I have black hair.
  J'ai les cheveux noirs.
- His hair is very short.
  Ses cheveux sont très courts.

Attention ! **Hair** est singulier. « J'ai les cheveux longs » se dit ***I have long hair***. Si tu dis ***I have long hairS***, c'est que tu as de longs poils !

Happy Halloween !

Le 31 octobre, on fête **Hallowe'en** en se déguisant en sorcière (**witch**) ou en monstre (**monster**). Ce soir-là, les enfants font du porte-à-porte pour demander des bonbons en criant « **trick or treat!** » – si on ne leur donne pas de sucreries (**treats**), ils vous joueront un tour (**a trick**) ! Les maisons sont décorées avec des lanternes fabriquées avec des citrouilles.

Hallowe'en
Halloween

- I'm dressing up as a ghost for Hallowe'en.
  Je me déguise en fantôme pour Halloween.

a hand
une main

- Clap your hands!
  Frappez dans vos mains !

to happen
se passer
- What happened?
  Qu'est-ce qui s'est passé ?

happy
heureux, heureuse, heureuses
- Tim is very happy.
  Tim est très heureux.
- Happy New Year!
  Bonne année !

Happy New Year !
Le réveillon du Nouvel An s'appelle **New Year's Eve**, ou **Hogmanay** en Écosse. Les Écossais vont rendre visite à leurs voisins et à leurs amis après les douze coups de minuit. Pour leur souhaiter une heureuse nouvelle année, ils leur apportent un bout de charbon (**coal**), du whisky ou des biscuits (**shortbread**).

a hat
un chapeau
- a big hat un grand chapeau

Hats!
L'Angleterre est connue pour ses chapeaux ! La reine en a paraît-il des milliers. On en porte souvent un lorsqu'on est invité à un mariage, ou lorsqu'on va assister à la fameuse course hippique d'**Ascot** : c'est l'occasion de trouver un chapeau original et même un peu fou pour se faire remarquer. Mais il y a d'autres couvre-chefs : le casque du **bobby** (agent de police), bombé et noir, ou le casque des gardes de la reine au palais de Buckingham, en peau d'ours ! Les chapeaux melon (**bowler hats**) se font de plus en plus rares à Londres.

to hate
détester
- I hate meat.
  Je déteste la viande.

to have
avoir
- I have a dog and a cat.
  J'ai un chien et un chat.

a b c d e f g h i j k l m n o p q r s t u v w x y z

A B C D E F G H I J K L M N O P Q R S T U V W X Y Z

- Do you have any brothers?
  Est-ce que tu as des frères ?
- I have got a dog and a cat.
  J'ai un chien et un chat.
- Have you got any brothers?
  Est-ce que tu as des frères ?

To have

présent
- I have
- you have
- he, she, it has

passé simple et participe passé
- had

to have to
devoir
- I have to go. Je dois y aller.

he
il
- He's called Harry. Il s'appelle Harry.

a head
une tête
- Nod your head. Fais oui de la tête.

hello
bonjour
- Hello, Emma!
  Bonjour Emma !

to help
aider
- Can you help me?
  Tu peux m'aider ?
- Help! Au secours !
- Help yourself! Sers-toi !, Servez-vous !

her
son, sa, ses, lui
- She has found her shoes.
  Elle a trouvé ses chaussures.
- Tell her to come.
  Dis-lui de venir.

hi
salut
- Hi, Lara! Salut Lara !

him

lui

- Tell him to come.

  Dis-lui de venir.

his

son, sa, ses

- His mother is away.

  Sa mère est absente.

a hobby

un hobby

- What are your hobbies?

  Quels sont tes hobbys ?

a holiday

des vacances

- We're on holiday.

  Nous sommes en vacances.

As-tu remarqué que dans la phrase ci-dessus, **holiday** est au singulier ?

home

chez soi

- I want to go home.

  Je veux rentrer chez moi.
- She's staying at home today.

  Elle va rester chez elle aujourd'hui.

a horse

un cheval

- I'm riding a horse.

  Je fais du cheval.

a b c d e f g h i j k l m n o p q r s t u v w x y z

Sports Les sports

a goal
un but

baseball
le baseball

hockey
le hockey

volleyball
le volley

a swimming pool
une piscine

a player
une joueuse

tennis
le tennis

badminton
le badminton

What's the score?
Quel est le score ?

cricket
le cricket

a ball
un ballon

football
le football

a match
un match

cycling
faire du vélo

a bat
une batte

skiing
faire du ski

swimming
nager

a player
un joueur

skateboarding
faire du skateboard

a team
une équipe

basketball
le basket

running
courir

horseriding
faire du cheval

Who won?
Qui a gagné ?

a race
une course

A B C D E F G H I J K L M N O P Q R S T U V W X Y Z

hot

chaud, chaude, chauds, chaudes

- I'm hot! J'ai chaud !
- It's hot today.
  Il fait chaud aujourd'hui.

a house

une maison

- a haunted house
  une maison hantée

> **Houses**
>
> *En Grande-Bretagne, on trouve beaucoup de* ***terraced houses*** *; ce sont des maisons de ville, mitoyennes, avec un petit jardin devant et un plus important à l'arrière.*

how

comment

- How are you? Comment vas-tu ?
- How much is it? C'est combien ?
- How many children are there?
  Combien y a-t-il d'enfants ?
- How old are you? — I'm nine.
  Quel âge as-tu ? — J'ai neuf ans.

> ***N'oublie pas !*** *En anglais on dit « je suis 9 ans », c'est-à-dire qu'on utilise le verbe « être » (**to be**) et non le verbe « avoir » (**to have**).*

hungry

- I'm hungry.
  J'ai faim.

hurry

- I'm not in a hurry.
  Je ne suis pas pressé.

to hurry up

se dépêcher

- Hurry up! Dépêche-toi !

to hurt

faire mal

- Ouch, that hurts!
  Aïe, ça fait mal !
- My leg hurts.
  J'ai mal à la jambe.

> ***Attention !*** *Le passé et le participe passé de* ***hurt*** *sont* ***hurt****.*

IJ

a b c d e f g h i j k l m n o p q r s t u v w x y z

I
je, j'
- I'm called Ali. Je m'appelle Ali.
- I live in Africa. J'habite en Afrique.

Sais-tu que **I** et **eye** se prononcent de la même manière ? Ce son ressemble à « Aïe ! » en français. Cherche **eye** dans le dictionnaire pour « voir » (indice !) ce qu'il veut dire.

ice
la glace

- a block of ice un bloc de glace
- an ice cube un glaçon

ice cream
la glace
- I love ice cream. J'adore la glace.

an idea
une idée
- That's a good idea. C'est une bonne idée.

ill
malade, malades
- She is very ill. Elle est très malade.

the internet
Internet
- to surf the internet naviguer sur Internet
- Find some information on the internet. Trouve des renseignements sur Internet.

A B C D E F G H I J K L M N O P Q R S T U V W X Y Z

to invite

inviter

- I invited Tara to my party.
  J'ai invité Tara à ma fête.

it

il, elle

- It's raining. Il pleut.
- Where's my book? — It's over there.
  Où est mon livre ? — Il est là-bas.

N'oublie pas ! It *s'emploie pour des objets, des animaux, ou avec des verbes impersonnels comme « pleuvoir ».*

its

son, sa, ses

- The dog gave me its paw.
  Le chien m'a donné sa patte.
- The camera is in its case.
  L'appareil photo est dans son étui.

N'oublie pas ! Its *s'emploie pour des objets (par exemple « appareil photo ») ou des animaux (comme ici avec « chien »).*

Attention ! *Ne confonds pas* ***its*** *et* ***it's****. Ils se prononcent de la même manière, mais* ***it's****, qui est la contraction de* ***it is****, veut dire « c'est » et s'écrit avec une apostrophe.*

jam

la confiture

- some raspberry jam
  de la confiture de framboises

a job

un emploi

- She has a job in an office.
  Elle a un emploi dans un bureau.

juice

un jus

- a bottle of apple juice
  une bouteille de jus de pomme

KL

a king
un roi
- King Arthur
  le roi Arthur

a kitchen
une cuisine
- I'm in the kitchen!
  Je suis dans la cuisine !

to know
savoir, connaître
- Do you know William?
  Tu connais William ?
- Do you know where we are?
  Tu sais où nous sommes ?
- No, I don't know.
  Non, je ne sais pas.

Sais-tu que **know** et **no** se prononcent de la même manière ? Le K du début du mot ne se prononce pas. Cherche **no** dans le dictionnaire pour voir ce qu'il veut dire.

Descriptions Se décrire

a fat pig
un gros cochon

a skinny wolf
un loup maigre

I am taller than you.

Je suis plus grand que toi.

Je suis plus petit que toi.

I am shorter than you.

The Ugly Duckling is weak.
Le vilain petit canard est faible.

Je suis le plus petit.

I am the shortest.

Je suis le plus grand.

I am the tallest.

I am as tall as you.

Je suis aussi grand que toi.

I have short hair.

J'ai les cheveux courts.

J'ai les cheveux longs.

a handsome prince
un beau prince

I have long hair.

a beautiful princess
une belle princesse

Little Red Riding Hood is young.
Le petit Chaperon Rouge est jeune.

an ugly witch
une sorcière laide

an old grandma
une vieille mamie

a small fairy
une petite fée

a strong knight
un chevalier fort

A B C D E F G H I J K L M N O P Q R S T U V W X Y Z

a lady

une dame

- There's a lady on the phone.
  Il y a une dame au téléphone.

a lake

un lac

- There are lots of fish in the lake.
  Il y a beaucoup de poissons dans le lac.

Loch Ness Monster

*Au beau milieu de l'Écosse, dans un lac nommé le **Loch Ness**, vit paraît-il un monstre appelé **Nessie**... Ce lac est si profond qu'on pourrait facilement y mettre à la verticale une rame de métro de Londres longue de 14 wagons... alors, qui sait ce qui peut bien se cacher au fond ? Beaucoup ont tenté de photographier **Nessie**, et certains ont même un peu truqué leurs photos, car c'est un monstre bien timide qui ne se montre pas souvent...*

late

en retard

- I'm sorry I'm late.
  Je suis désolé(e) d'être en retard.
- It's too late.
  C'est trop tard.

to learn

apprendre

- I'm learning English.
  J'apprends l'anglais.
- She's learning to swim.
  Elle apprend à nager.

*Attention ! Le passé et le participe passé de **learn** peuvent être **learned** ou **learnt**.*

left

gauche, gauches

- my left eye
  mon œil gauche
- Turn left.
  Tourne à gauche.
- on the left à gauche

a leg

une jambe

- My leg hurts.
  J'ai mal à la jambe.

less

moins de

- I've got less ice cream than you.
  J'ai moins de glace que toi.

to let
laisser

- **Let me try.** Laisse-moi essayer.
- **Let's go!** Allons-y !
- **Let's go home.** Rentrons à la maison.

> *Attention ! Le passé et le participe passé de **let** sont **let**.*

a letter
une lettre

- **Send him a letter.** Envoie-lui une lettre.
- **the letters of the alphabet** les lettres de l'alphabet

The alphabet!

- A éy
- B bii
- C sii
- D dii
- E ii
- F eff
- G djii
- H éytch
- I aïe
- J djay
- K quay
- L ell
- M emm
- N enn
- O o
- P pii
- Q quiou
- R ar
- S ess
- T tee
- U you
- V vii
- W dobeulyou
- X ex
- Y why
- Z zed

light
la lumière

- **Switch on the light.** Allume la lumière.
- **Switch off the light.** Éteins la lumière.

to like
aimer

- **I like music.** J'aime la musique.
- **I would like** ou **I'd like** je voudrais
- **I'd like a glass of water.** Je voudrais un verre d'eau.
- **Would you like some more cake?** Veux-tu encore un peu de gâteau ?

> *Attention ! **Like** peut vouloir dire plusieurs choses ! Regarde en dessous.*

like
comme

- **Look! I'm walking like a crab.** Regarde ! Je marche comme un crabe.

> *Attention ! **Like** peut vouloir dire plusieurs choses ! Regarde au-dessus.*

a lion

un lion

- I like lions. J'aime les lions.

to listen

écouter

- She is listening to a story.
  Elle écoute une histoire.

little

petit, petite, petits, petites

- a little boy
  un petit garçon
- a little un peu

to live

habiter

- Martha lives in New Zealand.
  Martha habite en Nouvelle-Zélande.

London

Londres

- I live in London. J'habite à Londres.

London

*Londres est la capitale de l'Angleterre et du Royaume-Uni. Il y a beaucoup de monuments célèbres : **Big Ben**, la grande roue appelée **The London Eye**, **Buckingham Palace** (le palais de la reine). Trouve-les sur le plan de la ville de Londres page 123 !*

to look

regarder

- Look at me!
  Regarde-moi !
- He looks sad.
  Il a l'air triste.

to look for

chercher

- I'm looking for my bag.
  Je cherche mon sac.

to look like

ressembler à

- I look like my sister.
  Je ressemble à ma sœur.

lost

perdu, perdue, perdus, perdues

- "I'm lost!" said the little girl.
  « Je suis perdue ! » dit la petite fille.

a lot

beaucoup

- We read a lot. Nous lisons beaucoup.
- I have a lot of friends.
  J'ai beaucoup d'amis.

to love

aimer

- I love you. Je t'aime.
- I love singing. J'adore chanter.

I♥YOU

*On remplace parfois **love** par un cœur. Essaie de lire ces phrases : **I ♥ New York**; **I ♥ London**.*

lucky

- She's very lucky.
  Elle a beaucoup de chance.

lunch

le déjeuner

- What would you like for lunch?
  Qu'est-ce que tu veux manger à midi ?
- We have lunch at one o'clock.
  Nous déjeunons à treize heures.

Packed lunch

*À l'école, au Royaume-Uni, les enfants ont le choix entre manger à la cantine ou apporter leur propre déjeuner, **a packed lunch**. Chacun a sa petite mallette ou son sac isotherme avec dedans un sandwich, une boisson et un dessert. L'expression **packed lunch** veut dire « déjeuner emballé ».*

All about me Tout sur moi

I'm really angry!
Je suis vraiment en colère !

I'm sorry.
Je suis désolé.

I'm happy.
Je suis content.

I'm really excited!
Je suis super content !

I'm sad.
Je suis triste.

I'm ashamed.
J'ai honte.

I think I'm sick.
Je crois que je suis malade.

Mum's a bit stressed.
Maman est un peu stressée.

I'm tired.
Je suis fatigué.

How are you feeling?
Comment te sens-tu ?

Don't be scared!
N'aie pas peur !

I'm bored.
Je m'ennuie.

She's really mean.
Elle est vraiment méchante.

I'm shy.
Je suis timide.

My father's chatty.
Mon père est bavard.

He's so funny.
Il est trop drôle.

I'm lucky!
J'ai de la chance !

I'm unlucky.
Je n'ai pas de chance.

My brother is naughty.
Mon frère est vilain.

I'm forgetful.
Je suis étourdi.

My cat is lazy.
Mon chat est paresseux.

He's very brave.
Il est très courageux.

She's nice.
Elle est gentille.

What are you like?
Tu es comment ?

A B C D E F G H I J K L **M** N O P Q R S T U V W X Y Z

M

to **make**

faire

- We're making puppets at school.
  Nous faisons des marionnettes à l'école.
- Have you made your bed?
  Est-ce que tu as fait ton lit ?

> ***Attention !*** *Le passé et le participe passé de* ***make*** *sont* ***made****.*

a **man**

un homme

- a young man un jeune homme

> **Spiderman, Batman, Superman**
>
> *Les noms de super-héros se terminent souvent en* ***man****.* ***Spiderman*** *est « l'homme araignée » (une araignée =* ***a spider****),* ***Batman*** *est « l'homme chauve-souris » (une chauve-souris =* ***a bat****), et* ***Superman*** *est « le surhomme ».*

many

beaucoup de

- There are many butterflies.
  Il y a beaucoup de papillons.

a **map**

un plan, une carte

- a map of London
  un plan de Londres
- a map of the UK
  une carte du Royaume-Uni

a match
un match

- a football match
  un match de foot

to matter
avoir de l'importance

- It doesn't matter.
  Ça n'a pas d'importance.

maybe
peut-être

- Maybe you're right.
  Tu as peut-être raison.
- Maybe not. Peut-être pas.

me
moi

- Is that for me? C'est pour moi ?

meat
la viande

- I don't eat meat.
  Je ne mange pas de viande.

Sais-tu que **meat** et **meet** se prononcent de la même manière ? Regarde le mot suivant, **to meet**, pour voir ce qu'il veut dire.

to meet
rencontrer

- I met Amy last year.
  J'ai rencontré Amy l'année dernière.
- Pleased to meet you.
  Enchanté, Enchantée.
- Let's meet at the cinema.
  On se retrouve au cinéma.

Attention ! Le passé et le participe passé de **meet** sont **met**. Sais-tu que **meet** et **meat** se prononcent de la même manière ? Regarde le mot précédent (**meat**) pour voir ce qu'il veut dire.

a b c d e f g h i j k l m n o p q r s t u v w x y z

milk

le lait

- a glass of milk
  un verre de lait
- Add some milk and stir.
  Ajouter du lait et mélanger.

money

l'argent

- I don't have any money.
  Je n'ai pas d'argent.

La monnaie du Royaume-Uni est la livre sterling (**the pound sterling**). Une livre (**a pound**) se divise en 100 **pence**. La monnaie des États-Unis s'appelle **dollar**.

a monkey

un singe

- There is a monkey in the tree.
  Il y a un singe dans l'arbre.

a month

un mois

- Arthur was born in April.
  Arthur est né en avril.

The months of the year!

January	janvier
February	février
March	mars
April	avril
May	mai
June	juin
July	juillet
August	août
September	septembre
October	octobre
November	novembre
December	décembre

Attention ! Les mois de l'année s'écrivent toujours avec une majuscule en anglais, tout comme les jours de la semaine. Cherche **day** dans ton dictionnaire, et tu les trouveras.

the moon

la lune

- the full moon
  la pleine lune

more
plus de
- There isn't any more bread.
  Il n'y a plus de pain.
- He got more presents than me.
  Il a eu plus de cadeaux que moi.

a morning
un matin
- Good morning!
  Bonjour !
- I'm not going to school this morning.
  Je ne vais pas à l'école ce matin.
- at seven o'clock in the morning
  à sept heures du matin

a mother
une mère

- This is my mother.
  Voici ma mère.
- Mother's Day la fête des Mères

Pour la fête des Mères, trois semaines avant Pâques, on offre une carte et un petit cadeau fait main.

a mountain
une montagne
- Ben Nevis is the highest mountain in Britain.
  Ben Nevis est la plus haute montagne de Grande-Bretagne.
- a mountain bike un VTT

a mouse
une souris
- I have a new mouse for my computer.
  J'ai une nouvelle souris pour mon ordinateur.

My family Ma famille

My grandfather
is retired.
Mon grand-père
est à la retraite.

My grandmother
is a teacher.
Ma grand-mère
est professeure.

My father
is a dentist.
Mon père
est dentiste.

My mother
is a doctor.
Ma mère
est médecin.

My uncle
is a fireman.
Mon oncle
est pompier.

My aunt
is a nurse.
Ma tante
est infirmière.

My sister is a student.
Ma sœur est étudiante.

My brother is a policeman.
Mon frère est agent de police.

I want to be
an astronaut.
Je veux être
astronaute.

My cousin is a journalist.
Ma cousine est journaliste.

My cousin is a photographer.
Mon cousin est photographe.

A B C D E F G H I J K L **M** N O P Q R S T U V W X Y Z

much
beaucoup (de)

- I don't have much time.
  Je n'ai pas beaucoup de temps.
- Thank you very much!
  Merci beaucoup !

mum
maman

- Hello, mum!
  Bonjour maman !
- This is my mum.
  Voici ma mère.

On peut aussi dire **mummy** pour « maman ». Le mot **mummy** n'est utilisé que par les tout-petits ; en revanche, le mot **mum** ne fait pas « bébé ». Même les adultes s'en servent pour parler de leur mère.

music
la musique

- She's listening to music.
  Elle écoute de la musique.

must
devoir

- I must go.
  Je dois partir.

my
mon, ma, mes

- It's my dog.
  C'est mon chien.
- My parents are on holiday.
  Mes parents sont en vacances.

N

a name

un nom

- **What's your name?**
  Comment t'appelles-tu ?
- **My name is Paul.**
  Je m'appelle Paul.
- **my first name**
  mon prénom
- **my surname**
  mon nom de famille

English names

Voici quelques prénoms courants de fille : ***Emily, Megan, Amy, Lucy, Jessica****; et pour les garçons :* ***Jack, Ben, James, Harry, Luke****. En connais-tu d'autres ?*

never

ne ... jamais

- **I am never late.**
  Je ne suis jamais en retard.
- **Never mind!** Ça ne fait rien !

new

nouveau, nouvelle, nouveaux, nouvelles

- **my new address**
  ma nouvelle adresse
- **a brand new car**
  une voiture toute neuve

A B C D E F G H I J K L M **N** O P Q R S T U V W X Y Z

nice

- a nice dress
  une jolie robe
- a nice cake
  un bon gâteau
- It's a nice day.
  Il fait beau aujourd'hui.
- Mrs Thompson is very nice.
  Madame Thompson est très gentille.

a night

une nuit

- We spent the night in a tent.
  Nous avons passé la nuit dans une tente.
- Good night! Bonne nuit !

no

non

- No thank you.
  Non merci.

Sais-tu que **no** et **know** se prononcent de la même manière ? Cherche **know** dans le dictionnaire pour voir ce qu'il veut dire.

not

ne ... pas

- "I'm not happy!" said Jack.
  « Je ne suis pas content ! » dit Jack.

nothing

ne ... rien

- I've got nothing to do.
  Je n'ai rien à faire.
- nothing at all
  rien du tout

now

maintenant

- You can start now.
  Tu peux commencer maintenant.

O

of
de
- of course
  bien sûr
- a slice of cake
  une tranche de gâteau

off
- I'm off! Je m'en vais.
- We have a week off.
  Nous avons une semaine de congé.
- There's £10 off.
  Il y a une réduction de 10 livres.

an office
un bureau
- My dad works in an office.
  Mon père travaille dans un bureau.

old
vieux, vieil, vieille, vieilles
- It's an old house.
  C'est une vieille maison.
- My dog is very old.
  Mon chien est très vieux.
- How old are you?
  Quel âge as-tu ?
- I'm nine years old.
  J'ai 9 ans.

N'oublie pas ! En anglais on dit «je suis 9 ans», c'est-à-dire qu'on utilise le verbe «être» (**to be**) plutôt que le verbe «avoir» (**to have**).

Body and clothes

Le corps et les vêtements

the mouth
la bouche

the hair
les cheveux

the neck
le cou

the head
la tête

the nose
le nez

the eye
l'œil

the back
le dos

the tummy
le ventre

the arm
le bras

the ear
l'oreille

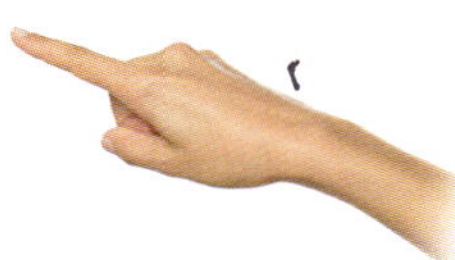

the finger
le doigt

the leg
la jambe

the hand
la main

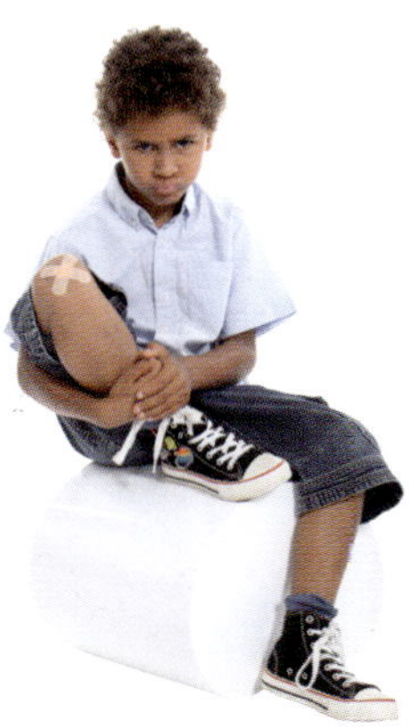

the knee
le genou

the tooth
la dent

the foot
le pied

the toe
l'orteil

a shirt
une chemise

a T-shirt
un tee-shirt

boots
des bottes

sunglasses
des lunettes de soleil

shoes
des chaussures

a cap
une casquette

a skirt
une jupe

a dress
une robe

a hat
un chapeau

jeans
un jean

socks
des chaussettes

gloves
des gants

an umbrella
un parapluie

a coat
un manteau

a top
un haut

trainers
des baskets

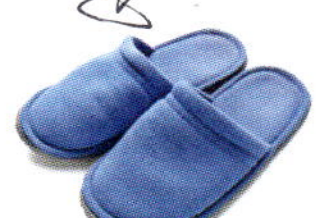

slippers
des chaussons

trousers
un pantalon

a jumper
un pull

tights
un collant

a scarf
une écharpe

shorts
un short

a jacket
une veste

A B C D E F G H I J K L M N O P Q R S T U V W X Y Z

on
sur

- Your presents are on the table.
  Tes cadeaux sont sur la table.
- a book on Australia
  un livre sur l'Australie
- He's coming on Thursday.
  Il vient jeudi.

only
seulement

- There is only one egg left.
  Il reste seulement un œuf.

to open
ouvrir

- Open the door, please.
  Ouvrez la porte,
  s'il vous plaît.

an orange
une orange

- a glass of orange juice
  un verre de jus d'orange.

our
notre, nos

- Our dog is called Sammy.
  Notre chien s'appelle Sammy.

*Sais-tu que **our** et **hour** se prononcent de la même manière ? Va trouver **hour** page 86 pour voir ce qu'il veut dire.*

out
dehors

- I'm going out!
  Je sors !

outside
dehors

- Let's go play outside.
  Allons jouer dehors.

P

to paint
peindre

- I love to paint. J'adore peindre.

paper
le papier

- I need a piece of paper.
  J'ai besoin d'une feuille de papier.

to pay
payer

- Dad has gone to pay the bill.
  Papa est parti payer l'addition.

Attention ! Le passé et le participe passé de **pay** sont **paid**.

a pen
un stylo

- My pen pal's called Tariq.
  Mon correspondant s'appelle Tariq.
- my new pen
  mon nouveau stylo

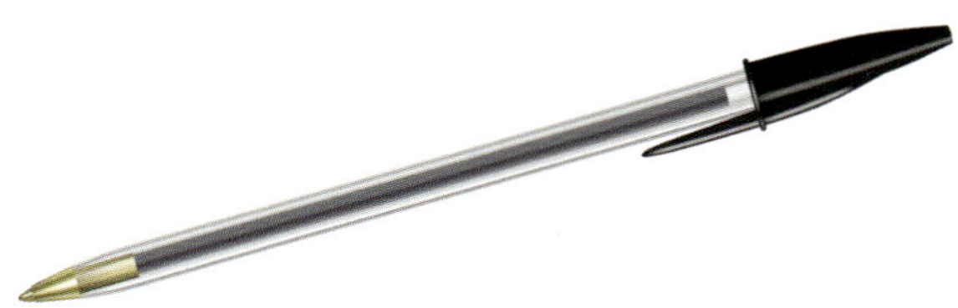

a pencil
un crayon

- a pencil case une trousse
- a pencil sharpener
  un taille-crayon

A B C D E F G H I J K L M N O P Q R S T U V W X Y Z

people
les gens
- There are a lot of people here.
  Il y a beaucoup de monde ici.

a person
une personne
- We need another person in our group.
  Il nous faut encore une personne dans notre groupe.

a pet
un animal familier
- Have you got any pets?
  Tu as des animaux familiers ?

a phone
un téléphone
- Shush! Dad's on the phone.
  Chut ! Papa est au téléphone.

a piano
un piano
- Pete plays the piano.
  Pete joue du piano.

a picture
un dessin
- I'm drawing a picture.
  Je fais un dessin.

a piece
un morceau
- a piece of bread
  un morceau de pain

pink
rose, roses

- a pink balloon
  un ballon rose

a place
un endroit

- Are we in the right place?
  Est-ce qu'on est au bon endroit ?

a plane
un avion

- I've never been on a plane.
  Je n'ai jamais pris l'avion.

to play
jouer

- Can we play in the garden?
  On peut aller jouer dans le jardin ?
- She plays the violin.
  Elle joue du violon.

please
s'il te plaît, s'il vous plaît

- Please tell me!
  Dis-le-moi, s'il te plaît !

poor
pauvre, pauvres

- He is very poor. Il est très pauvre.

a postcard
une carte postale

- I am sending a postcard to Grandma.
  J'envoie une carte postale à Mamie.

a post office
une poste

- Come with me to the post office.
  Viens avec moi à la poste.

Numbers Les chiffres

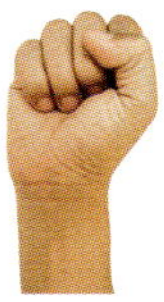
zero

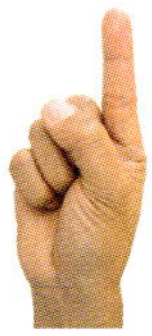
one

two

three

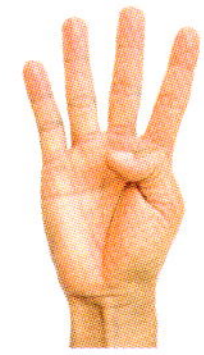
four

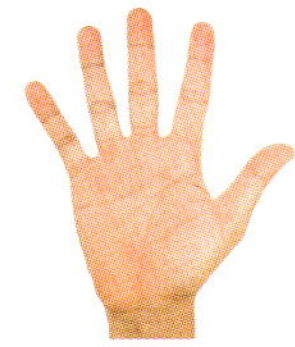
five

six

seven

eight

nine

ten

eleven

twelve

thirteen

fourteen

fifteen

sixteen

seventeen

eighteen

nineteen

twenty

twenty-one

twenty-two

thirty

forty

fifty

sixty

seventy

eighty

ninety

one hundred

one hundred and one

one hundred and two

two hundred

two hundred and twenty

one thousand

A B C D E F G H I J K L M N O P Q R S T U V W X Y Z

a potato
une pomme de terre

- roast potatoes
  des pommes de terre rôties

to prefer
préférer

- Which one do you prefer?
  Lequel préfères-tu ?

a present
un cadeau

- a birthday present
  un cadeau d'anniversaire

Presents
*Quand on offre un cadeau (**present**) en Grande-Bretagne, pour Noël ou un anniversaire, on l'accompagne souvent d'une carte de vœux, même si l'on remet le cadeau en main propre. Alors n'oublie pas ta petite carte si tu es invité(e) à un anniversaire.*

to put
mettre

- Put it over there.
  Mets-le là-bas.
- Put your shoes on.
  Mets tes chaussures.

*Attention ! Le passé et le participe passé de **put** sont **put**.*

pyjamas
le pyjama

- They are wearing pyjamas.
  Ils sont en pyjama.

QR

a queen
une reine

- **Queen Elizabeth II**
  la reine d'Angleterre

Queen Elizabeth II *est le nom de la reine d'Angleterre. Elle vit à Londres dans un palais qui s'appelle* ***Buckingham Palace****. Si tu aperçois l'****Union Jack*** *(le drapeau britannique) flotter au-dessus du palais, c'est que Sa Majesté la reine est chez elle ! La première reine Elizabeth régna au XVI*e *siècle, et mourut un peu plus de 100 ans après la découverte de l'Amérique.*

quiet
tranquille, tranquilles

- **a quiet street**
  une rue tranquille
- **Be quiet!** Tais-toi !
- **Quiet everybody!** Silence !

a rabbit
un lapin

- **My pet rabbit is gone!**
  Mon lapin a disparu !

rain
la pluie

- **Don't stand in the rain.**
  Ne reste pas sous la pluie.

Attention ! Rain *peut vouloir dire plusieurs choses ! Regarde à la page suivante.*

a b c d e f g h i j k l m n o p **q** **r** s t u v w x y z

A B C D E F G H I J K L M N O P Q R S T U V W X Y Z

to rain
pleuvoir

- It's raining. Il pleut.

Attention ! ***Rain*** *peut vouloir dire plusieurs choses ! Regarde à la page précédente.*

to read
lire

- I'm reading a good book.
  Je lis un bon livre.

Attention ! *Le passé et le participe passé de* ***read*** *(qui se prononce riid) s'écrivent de la même manière (****read****), mais se prononcent comme* ***red****, la couleur rouge.*

ready
prêt, prête, prêts, prêtes

- Ready, steady, go!
  À vos marques, prêts, partez !

really
vraiment

- He's really sad.
  Il est vraiment triste.
- Really? Ah bon ?
- Not really. Pas vraiment.

red
rouge, rouges

- a red apple
  une pomme rouge

*Les boîtes aux lettres (****letterboxes****) en Grande-Bretagne sont rouges.*

to remember
se rappeler

- I remember what happened.
  Je me rappelle ce qui s'est passé.

rice
le riz

- We're having rice and chicken.
  On mange du riz et du poulet.

rich
riche, riches

- He's very rich.
  Il est très riche.

right
droit, droite, droits, droites

- my right hand
  ma main droite
- Turn right.
  Tourne à droite.
- on the right à droite

Attention ! Right peut vouloir dire plusieurs choses ! Regarde en dessous.

right
bon, bonne, bons, bonnes

- the right answer
  la bonne réponse
- You're right! Tu as raison !

Sais-tu que **right** et **write** se prononcent de la même manière ? Cherche **write** dans le dictionnaire pour voir ce qu'il veut dire.

a ring
une bague

- I've lost my ring.
  J'ai perdu ma bague.

Attention ! Ring peut vouloir dire plusieurs choses ! Regarde en dessous.

to ring
sonner

- The telephone is ringing.
  Le téléphone sonne.
- Ring me tonight!
  Appelle-moi ce soir !

Attention ! Le passé de **ring** est **rang**, et le participe passé est **rung**.

a river
une rivière, un fleuve

- the River Thames
  la Tamise

The time L'heure

It's eight o'clock.
Il est huit heures.

It's five past eight.
Il est huit heures cinq.

It's ten past eight.
Il est huit heures dix.

It's quarter past eight.
Il est huit heures et quart.

It's half past eight.
Il est huit heures et demie.

It's twenty to nine.
Il est neuf heures moins vingt.

It's quarter to nine.
Il est neuf heures moins le quart.

It's noon.
Il est midi.

It's midnight.
Il est minuit.

a month
un mois

a day
un jour

a year
un an

a week
une semaine

an hour
une heure

a minute
une minute

a second
une seconde

in the morning
le matin

in the afternoon
l'après-midi

in the evening
le soir

at night
la nuit

A B C D E F G H I J K L M N O P Q R S T U V W X Y Z

a road
une route

- There are camels on the road.
  Il y a des chameaux sur la route.

a robot
un robot

- I'd like to have a robot.
  J'aimerais bien avoir un robot.

a room
une pièce

- There are five rooms in our house.
  Il y a cinq pièces dans notre maison.

to run
courir

- I can run fast.
  Je cours vite.
- I ran all the way home.
  J'ai couru jusqu'à la maison.

Attention ! Le passé et le participe passé de **run** sont **run**.

Run!

*À la fin de l'année à l'école, on organise une journée du sport (**sports day**). Chaque classe participe à des courses, et les parents viennent encourager leurs enfants. Les courses les plus populaires sont **the egg and spoon race** (les participants courent en tenant un œuf dans une grosse cuillère) et **the sack race** (une course en sac).*

S

sad
triste, tristes
- She looks sad.
  Elle a l'air triste.

same
même, mêmes
- I have the same bag!
  J'ai le même sac !

to say
dire
- What did you say?
  Qu'est-ce que tu as dit ?

Attention ! Le passé et le participe passé de **say** sont **said**.

a school
une école
- I like my new school.
  J'aime bien ma nouvelle école.
- a school bag
  un cartable

School
En Grande-Bretagne, on va d'abord à la ***primary school****, de 5 ans à 11 ans. Les élèves âgés de 11 à 16 ans (ou de 11 à 18 ans) vont ensuite à l'école secondaire, la* ***secondary school****. Les élèves portent un uniforme mais sont parfois autorisés à porter leurs propres vêtements, comme par exemple à la veille des vacances. On va à l'école de 9 heures à 15 heures, du lundi au vendredi, et l'année scolaire dure de septembre à la fin juillet.*

the sea

la mer

- I like swimming in the sea.
  J'aime bien nager dans la mer.

> Sais-tu que **sea** et **see** se prononcent de la même manière ? Regarde le mot suivant, **see**, pour voir ce qu'il veut dire.

to see

voir

- Come and see the stars!
  Viens voir les étoiles !
- See you soon! À bientôt !
- See you! Au revoir !

> **Attention !** Le passé de **see** est **saw** et le participe passé est **seen**.

to send

envoyer

- Send him a letter.
  Envoie-lui une lettre.

> **Attention !** Le passé et le participe passé de **send** sont **sent**.

she

elle

- She's called Eileen.
  Elle s'appelle Eileen.

a shirt

une chemise

- I have to wear a shirt and tie at school.
  Je dois porter une chemise et une cravate à l'école.

a shoe

une chaussure

- I have new shoes.
  J'ai de nouvelles chaussures.

a shop
un magasin

- I'm going to the shop to buy some milk.
  Je vais au magasin acheter du lait.

shopping
les courses

- I love to go shopping.
  J'adore faire les courses.

a shower
une douche

- He's in the shower.
  Il est sous la douche.
- I'm going to have a shower.
  Je vais prendre une douche.

to sing
chanter

- He sings well.
  Il chante bien.

Attention ! Le passé de **sing** est **sang** et le participe passé est **sung**.

a sister
une sœur

- I have two sisters.
  J'ai deux sœurs.

to sit
s'asseoir

- Come and sit here.
  Viens t'asseoir ici.
- Sit down! Assieds-toi !

Attention ! Le passé et le participe passé de **sit** sont **sat**.

a skirt
une jupe

- a green skirt une jupe verte

Kilts

En Écosse, les hommes et les garçons portent un **kilt** pour les mariages et autres grandes occasions. C'est une sorte de jupe plissée faite en laine aux motifs colorés. Chaque famille écossaise a son propre motif. Les hommes portent également un poignard coincé dans leur chaussette.

My day Ma journée

I wake up.
Je me réveille.

I get up.
Je me lève.

I have breakfast.
Je prends mon petit déjeuner.

I get washed.
Je me lave.

I get dressed.
Je m'habille.

I go to school.
Je vais à l'école.

I have lunch.
Je déjeune.

I play tennis.
Je joue au tennis.

I do my homework.
Je fais mes devcirs.

I play with my sister.
Je joue avec ma sœur.

I watch TV.
Je regarde la télé.

I go to sleep.
Je vais me coucher.

I read a book.
Je lis un livre.

I help my parents.
J'aide mes parents.

I brush my teeth.
Je me brosse les dents.

I have dinner.
Je dîne.

I play the piano.
Je joue du piano.

I go home.
Je rentre
à la maison.

I have a snack.
Je prends mon goûter.

I feed the dog.
Je donne à manger au chien.

A B C D E F G H I J K L M N O P Q R S T U V W X Y Z

the sky
le ciel

- The sky's blue. Le ciel est bleu.

to sleep
dormir

- Shush!
  She's sleeping.
  Chut ! Elle dort.

Attention ! *Le passé et le participe passé de* ***sleep*** *sont* ***slept****.*

slow
lent, lente,
lents, lentes

- This tortoise is very slow.
  Cette tortue est très lente.

small
petit, petite, petits, petites

- We live in a small village.
  Nous habitons un petit village.

to smile
sourire

- The baby's smiling.
  Le bébé sourit.

Cheese!
Quand on prend une photo et qu'on demande aux gens de sourire, on dit ***Smile!****, mais on dit aussi souvent* ***Cheese!*** *Les gens répètent ce mot et, du coup, sont souriants sur la photo !*

a snake
un serpent

- There's a snake in my boot!
  J'ai un serpent dans ma botte !

snow
la neige

- We like playing in the snow.
  Nous aimons bien jouer dans la neige.

Attention ! Snow *peut vouloir dire plusieurs choses ! Regarde à la page suivante.*

to snow
neiger

- It's snowing.
  Il neige.

> Attention ! **Snow** peut vouloir dire plusieurs choses ! Regarde sur la page précédente.

so

- She's so beautiful!
  Elle est si belle !
- I don't think so.
  Je ne pense pas.
- She has so many friends!
  Elle a tant d'amis !
- I have so much work!
  J'ai tant de travail !

> Attention ! **So** peut vouloir dire plusieurs choses ! Regarde bien les exemples.

soap
le savon

- a bar of soap
  une savonnette

a sock
une chaussette

- a pair of socks
  une paire de chaussettes

some
du, de la, de l', des

- Can you give me some money?
  Est-ce que tu peux me donner de l'argent ?
- Let's go and buy some sweets.
  Allons acheter des bonbons.

somebody
quelqu'un

- There's somebody on the roof.
  Il y a quelqu'un sur le toit.

> On peut aussi dire **someone** pour « quelqu'un ». Il n'y a aucune différence entre ces deux mots.

a b c d e f g h i j k l m n o p q r **s** t u v w x y z

A B C D E F G H I J K L M N O P Q R S T U V W X Y Z

something
quelque chose

- I've got something for you.
  J'ai quelque chose pour toi.
- Would you like something to drink? Tu veux quelque chose à boire ?

sometimes
parfois

- Do you play tennis? — Sometimes.
  Tu joues au tennis ? — Parfois.

a son
un fils

- They have two sons and a daughter.
  Ils ont deux fils et une fille.

*Sais-tu que **son** et **sun** se prononcent de la même manière ? Va trouver **sun** dans le dictionnaire pour voir ce qu'il veut dire.*

a song
une chanson

- Let's sing a song!
  Chantons une chanson !

soon
bientôt

- I'm going on holiday soon.
  Je vais bientôt en vacances.
- See you soon! À bientôt !
- I'll be back soon!
  Je reviens tout de suite !

sorry
désolé, désolée, désolés, désolées

- I'm sorry, I forgot.
  Je suis désolé, j'ai oublié.
- Sorry! Pardon !
- Say sorry to your sister.
  Demande pardon à ta sœur.

to speak
parler

- Do you speak English?
  Est-ce que tu parles anglais ?
- I want to speak to your parents.
  Je veux parler à tes parents.

Attention ! Le passé de **speak** est **spoke**, et le participe passé est **spoken**.

a spider

une araignée

- I'm afraid of spiders.

  J'ai peur des araignées.

sport

le sport

- I play a lot of sport.

  Je fais beaucoup de sport.

the stairs

l'escalier

- I fell down the stairs.

  Je suis tombé(e) dans l'escalier.

a stamp

un timbre

- I'm going to buy a stamp.

  Je vais acheter un timbre.

to stand

être debout

- She was standing next to me.

  Elle était debout à côté de moi.

- Stand up! Lève-toi !

Attention ! Le passé et le participe passé de **stand** sont **stood**.

a star

une étoile

- There are lots of stars tonight.

  Il y a beaucoup d'étoiles ce soir.

The Stars and Stripes

*Le drapeau américain s'appelle **the Stars and Stripes**, mot à mot « les étoiles et les rayures », ou la « bannière étoilée ». Il y a 50 étoiles sur le drapeau, et chacune des étoiles représente un état des États-Unis, comme la Californie, le Texas, l'Arizona.*

to stop

arrêter

- Stop crying. Arrête de pleurer.

Attention ! Le passé et le participe passé de **stop** sont **stopped**.

The seasons Les saisons

What's the weather like?

Quel temps fait-il ?

a river
une rivière

a tree
un arbre

the wind
le vent

It's windy!

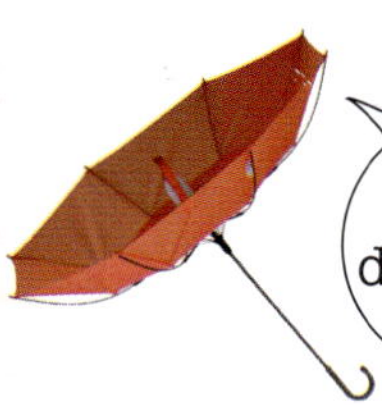

Il y a du vent.

spring
le printemps

summer
l'été

the sky
le ciel

a mountain
une montagne

Il fait froid !

It's cold!

snow
la neige

It's snowing!

Il neige !

t's sunny.

Il y a
du soleil.

It's hot.

Il fait
chaud.

Je me
fais
bronzer.

I'm sunbathing.

the sea
la mer

autumn
l'automne

winter
l'hiver

the beach
la plage

a cloud
un nuage

the sun
le soleil

a flower
une fleur

the garden
le jardin

Je fais
du ski.

I'm skiing.

It's raining!

Il
pleut.

a rainbow
un arc-en-ciel

grass
de l'herbe

rain
la pluie

a story

une histoire

- I'm writing a story.
  J'écris une histoire.

a street

une rue

- I live in this street.
  J'habite dans cette rue.

such

tellement

- This is such a beautiful place.
  C'est un endroit tellement beau.

sugar

le sucre

- sugar, flour and butter
  du sucre, de la farine et du beurre

Sais-tu que **sun** et **son** se prononcent de la même manière ? Va trouver **son** dans le dictionnaire pour voir ce qu'il veut dire.

the sun

le soleil

- The sun's shining.
  Le soleil brille.

sunglasses

des lunettes de soleil

- She's wearing sunglasses.
  Elle porte des lunettes de soleil.

a sweet

un bonbon

- I bought some sweets.
  J'ai acheté des bonbons.

to swim

nager

- Can you swim?
  Tu sais nager ?

Attention ! Le passé de **swim** est **swam**, et le participe passé est **swum**.

a swimming pool

une piscine

- We're going to the swimming pool. On va à la piscine.

T

a table
une table

- There are two books on the table. Il y a deux livres sur la table.

to take
prendre

- Take this red pencil. Prends ce crayon rouge.
- I took a lot of photos. J'ai pris beaucoup de photos.

Attention ! Le passé de **take** est **took**, et le participe passé est **taken**.

to talk
parler

- I don't want to talk about it. Je ne veux pas en parler.
- I'm talking to my friends. Je parle à mes amis.

tea
le thé

- I'd like a cup of tea. Je voudrais une tasse de thé.

a teacher

un professeur, une professeure

- a primary school teacher
  un instituteur, une institutrice

Miss!

*À l'école, pour appeler son professeur, on dit **Miss** (Madame) pour une femme, et **Sir** (Monsieur) pour un homme.*

I've finished, Miss! *J'ai fini, madame !*

a television

une télévision

- I watched it on television.
  Je l'ai regardé à la télévision.
- a television programme
  un programme télé

to tell

dire

- Are you telling me the truth?
  Tu me dis la vérité ?
- I told her about my friends.
  Je lui ai parlé de mes amis.
- I'm going to tell you a story.
  Je vais te raconter une histoire.

__Attention !__ Le passé et le participe passé de __tell__ sont __told__.

tennis

le tennis

- She's playing tennis.
  Elle joue au tennis.
- a tennis racket
  une raquette de tennis

thanks

merci

- Thanks a lot!
  Merci beaucoup !

Pour remercier en anglais, on peut dire __thanks__ ou __thank you__. Pour dire « merci beaucoup » on peut choisir entre __thanks a lot__ et __thank you very much__.

that

ce, c', cela

- I don't want that dress.
  Je ne veux pas cette robe.
- What's that?
  Qu'est-ce que c'est ?
- Who's that? Qui est-ce ?
- That's my brother.
  C'est mon frère.
- She said that she was coming.
  Elle a dit qu'elle venait.

Attention ! *Le pluriel de* ***that*** *est* ***those****.*

the

le, la , l', les

- Look at the sea. Regarde la mer.
- The children are at school.
  Les enfants sont à l'école.

their

leur, leurs

- Their house is in the countryside.
  Leur maison est à la campagne.
- Their parents aren't here yet.
  Leurs parents ne sont pas encore arrivés.

Sais-tu que ***their*** *et* ***there*** *se prononcent de la même manière ? Va trouver* ***there*** *dans le dictionnaire pour voir ce qu'il veut dire.*

them

- I want to give them a present.
  Je veux leur offrir un cadeau.
- I'm going with them. Je vais avec eux.
- I can't see them. Je ne les vois pas.

Them *peut être traduit de différentes façons. Regarde les exemples !*

then

puis

- I had dinner then I went to bed.
  J'ai dîné, puis je me suis couché(e).

a b c d e f g h i j k l m n o p q r s t u v w x y z

Where are you ?

Où êtes-vous ?

I'm inside.
Je suis à l'intérieur.

I'm outside.
Je suis dehors.

I'm behind the sofa.
Je suis derrière le canapé.

I'm on the roof.
Je suis sur le toit.

I'm between Ben and Hamed.
Je suis entre Ben et Hamed.

I'm next to Léa.
Je suis à côté de Léa.

He's there.
Il est là-bas.

I'm here.
Je suis là.

I'm upstairs.
Je suis en haut.

I'm in the cupboard.
Je suis dans le placard.

I'm downstairs.
Je suis en bas.

I'm inside this box.
Je suis dans cette boîte.

I'm under the table.
Je suis sous la table.

I'm in front of the TV.
Je suis devant la télé.

there

là-bas

- Put it there. Mets-le là-bas.
- There are a lot of people here.
  Il y a beaucoup de gens ici.
- There's a message for you.
  Il y a un message pour toi.

Sais-tu que **there** et **their** se prononcent de la même manière ? Va trouver **their** dans le dictionnaire pour voir ce qu'il veut dire.

these

ces

- These shoes are not mine.
  Ces chaussures ne sont pas à moi.
- These are my friends.
  Ce sont mes amis.

they

ils, elles

- They're American.
  Ils sont américains.
- Here they are! Les voilà !

a thing

une chose

- What is this thing?
  C'est quoi, ce truc ?

to think

penser

- What do you think?
  Qu'est-ce que tu en penses ?
- What are you thinking about?
  À quoi tu penses ?
- I was thinking about my friend.
  Je pensais à mon ami.
- I think so. Je pense que oui.

Attention ! Le passé et le participe passé de **think** sont **thought**.

thirsty

- I'm thirsty.
  J'ai soif.

this

ce, c', ceci

- Who is this? Qui est-ce ?
- What's this?
  Qu'est-ce que c'est ?
- This is for you. C'est pour toi.
- This is my girlfriend.
  Je te présente ma copine.

those

ces

- Those cakes look delicious.
  Ces gâteaux ont l'air délicieux.

a tiger

un tigre

- Can you draw tigers?
  Tu sais dessiner les tigres ?

time

le temps

- I don't have time.
  Je n'ai pas le temps.
- He talks all the time.
  Il parle tout le temps.
- What time is it? Quelle heure est-il ?
- It's time to go. C'est l'heure d'y aller.

Once upon a time...

*En général, les histoires en anglais commencent par **Once upon a time...** (Il était une fois...).*

to

à

- He went to John's house.
  Il est allé chez John.
- Let's go to London. Allons à Londres.

Attention ! *Ne confonds pas **to**, **too** et **two**. Ils se prononcent tous de la même manière mais s'écrivent de façon différente.*

a b c d e f g h i j k l m n o p q r s t u v w x y z

today

aujourd'hui

- **What day is it today?**
  Quel jour sommes-nous aujourd'hui ?

together

ensemble

- **We go to school together.**
  On va à l'école ensemble.

the toilet

les toilettes

- **I'm going to the toilet.**
  Je vais aux toilettes.
- **Where are the toilets?**
  Où sont les toilettes ?

a tomato

une tomate

- **tomato sauce** de la sauce tomate

tomorrow

demain

- **tomorrow morning**
  demain matin
- **tomorrow evening**
  demain soir
- **the day after tomorrow**
  après-demain

> ***Too*** *peut être traduit de différentes façons. Regarde les exemples !*

too

- **It's too late.**
  Il est trop tard.
- **Don't eat too many sweets.**
  Ne mange pas trop de bonbons.
- **I have too much homework.**
  J'ai trop de devoirs.
- **I'm hungry.**
  — Me too!
  J'ai faim.
  — Moi aussi !

> ***Attention !*** *Ne confonds pas* ***to***, ***too*** *et* ***two***. *Ils se prononcent tous de la même manière mais s'écrivent de façon différente.*

a towel

une serviette

- a bath towel
  une serviette de bain
- a beach towel
  une serviette de plage

a town

une ville

- I live in a small town.
  J'habite une petite ville.

a toy

un jouet

- a toy shop
  un magasin de jouets

a train

un train

- My big sister went to London by train. Ma grande sœur est allée à Londres en train.
- I'm catching the train at 11.
  Je prends le train à 11 heures.

a tree

un arbre

- Let's sit under the tree.
  Asseyons-nous sous l'arbre.

trousers

un pantalon

- a pair of trousers
  un pantalon

Animals Les animaux

a hippo
un hippopotame

a rhino
un rhinocéros

an elephant
un éléphant

a parrot
un perroquet

a bear
un ours

a turkey
une dinde

a crab
un crabe

a zebra
un zèbre

a ladybird
une coccinelle

a rat
un rat

a pig
un cochon

a wolf
un loup

a penguin
un manchot

a fly
une mouche

a butterfly
un papillon

a lion
un lion

a tortoise
une tortue

a fi
un

a snail
un escargot

a dolphin
un dauphin

a tiger
un tigre

a giraffe
une girafe

vrais, vraies

st vrai.

? Vrai ou faux ?

ayer ?

ce !

t le
tried.

a turn

un tour

- It's my turn!

  C'est mon tour !

Attention ! **Turn** peut vouloir dire plusieurs choses ! Regarde en dessous.

to turn

tourner

- Turn left at the lights.

  Tournez à gauche aux feux.

Attention ! **Turn** peut vouloir dire plusieurs choses ! Regarde au-dessus.

UVW

to understand
comprendre

- Do you understand?
  Tu comprends ?

Attention ! Le passé et le participe passé de **understand** sont **understood**.

the Union Jack
le drapeau britannique

- The Union Jack is red, white and blue.
  Le drapeau britannique est rouge, blanc et bleu.

The Union Jack

*Le drapeau britannique s'appelle l'**Union Jack**. Il est composé de 3 éléments : la croix rouge sur fond blanc du drapeau d'Angleterre (**St George's Cross**), la croix blanche sur fond bleu d'Écosse (**St Andrew's Cross**), et la croix rouge irlandaise (**St Patrick's Cross**).*

up
en haut

- They went up the stairs.
  Ils ont monté l'escalier.
- I'm up! Je suis debout !
- I'm up here! Je suis en haut !

A B C D E F G H I J K L M N O P Q R S T U V W X Y Z

us
nous
- Is that for us?
  C'est pour nous ?

a vegetable

un légume
- I hate vegetables.
  J'ai horreur des légumes.

very
très
- It's very scary.
  Ça fait très peur.
- I like him very much.
  Je l'aime beaucoup.

to visit
visiter
- We visited the museum.
  Nous avons visité le musée.

to wait
attendre
- I'm waiting for the bus.
  J'attends le bus.

to walk
marcher
- We walked for hours.
  Nous avons marché pendant des heures.

a wall
un mur
- the garden wall
  le mur du jardin

to want
vouloir
- Do you want some hot chocolate?
  Tu veux du chocolat chaud ?
- I want to go to the cinema.
  Je veux aller au cinéma.

a **watch**
une montre

- My watch has stopped.
  Ma montre s'est arrêtée.

to **watch**
regarder

- He's watching television.
  Il regarde la télévision.

> **Attention ! Watch** peut vouloir dire plusieurs choses ! Regarde au-dessus.

water
l'eau

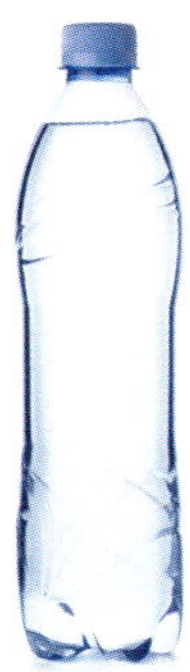

- Can I have a glass of water?
  Je peux avoir un verre d'eau ?

a **way**
un chemin

- Can you tell me the way to the museum?
  Vous pouvez m'indiquer le chemin pour aller au musée ?

we
nous

- We live in Australia.
  Nous habitons en Australie.

to **wear**
mettre

- I'm going to wear my favourite dress.
  Je vais mettre ma robe préférée.

> **Attention !** Le passé de **wear** est **wore** et le participe passé est **worn**.

> Sais-tu que **wear** et **where** se prononcent de la même manière ? Va trouver **where** dans le dictionnaire pour voir ce qu'il veut dire.

a **week**
une semaine

- last week la semaine dernière
- this week
  cette semaine
- next week
  la semaine prochaine
- in a week's time
  dans une semaine

a b c d e f g h i j k l m n o p q r s t u v **w** x y z

The UK and the US

L'anglais britannique et l'anglais américain

I'm British.
Je suis britannique.

I'm American.
Je suis américaine.

My **favourite** season is **autumn**.

My **favorite** season is **fall**.

Ma saison préférée est l'automne.

I'd like some **chips**.

Je voudrais des frites.

I'd like some **fries**.

I'm on **vacation**.

I'm on **holiday**.

Je suis en vacances.

I'm wearing **trousers**.

I'm wearing **pants**.

Je porte un pantalon.

I need to go to the **restroom**.

I need to got to the **toilet**.

Je dois aller aux toilettes.

Here's the **mailman**.

Here's the **postman**.

Voici le facteur.

Where's my **rubber**?

Where's my **eraser**?

Où est ma gomme ?

I'm on the **sidewalk**.

I'm on the **pavement**.

Je suis sur le trottoir.

Let's take the **elevator**!

Let's take the **lift**!

Prenons l'ascenseur !

I love **sweets**.

I love **candy**.

J'adore les bonbons.

Ferme le robinet !

Turn off the **tap**!

Turn off the **faucet**!

A B C D E F G H I J K L M N O P Q R S T U V W X Y Z

a weekend
un week-end

- **Have a nice weekend!**
  Bon week-end !

> Le mot **weekend** est composé de **week** (semaine) et d'**end** (fin) ; la fin de la semaine.

welcome!
bienvenue !

- **Welcome to England!**
  Bienvenue en Angleterre !
- **You're always welcome.**
  Tu es toujours le bienvenu ici.

well
bien

- **She sings well.** Elle chante bien.
- **Well done!** Bravo !

what
qu'est-ce que, qu'est-ce qui

- **What are you doing?**
  Qu'est-ce que tu fais ?
- **What's happening?**
  Qu'est-ce qui se passe ?

when
quand

- **When does the train arrive?**
  Quand est-ce que le train arrive ?

where
où

- **Where is my book?**
  Où est mon livre ?

> Sais-tu que **where** et **wear** se prononcent de la même manière ? Va trouver **wear** dans le dictionnaire pour voir ce qu'il veut dire.

white
blanc, blanche, blancs, blanches

- **a white shirt**
  une chemise blanche

who
qui

- **Who is it?** Qui est-ce ?

whose
à qui

- **Whose turn is this?**
  C'est à qui le tour ?

will

- He will come, I'm sure.
  Il va venir, j'en suis sûr(e).
- I'll help you. Je t'aiderai.

On utilise **will** dans les phrases pour parler du futur. **Will** est souvent abrégé en **'ll**.

to win

gagner

- I'm going to win.
  Je vais gagner.

Attention ! Le passé et le participe passé de **win** sont **won**.

the wind

le vent

- There's a strong wind.
  Il y a beaucoup de vent.

a window

une fenêtre

- Open the window.
  Ouvre la fenêtre.

with

avec

- The cat is with the dog.
  Le chat est avec le chien.

without

sans

- I won't go without you.
  Je n'irai pas sans toi.

a woman

une femme

- a young woman
  une jeune femme

N'oublie pas que le pluriel de **woman** est **women**. Attention ! **Women** se prononce « ouimine » !

wonderful

merveilleux, merveilleuse, merveilleuses

- We had a wonderful holiday.
  On a passé des vacances merveilleuses.

work

le travail

- Mum's at work.

  Maman est au travail.

> *Attention ! **Work** peut vouloir dire plusieurs choses ! Regarde en dessous.*

to work

travailler

- Where does your dad work?

  Où est-ce que travaille ton père ?

worse

pire, pires

- It's even worse than I thought.

  C'est encore pire que je ne le croyais.

worst

pire, pires

- It's the worst day of my life.

  C'est la pire journée de ma vie.

would

- If I had lots of money,
  I'd buy a castle.

  Si j'avais beaucoup d'argent,
  j'achèterais un château.

> *On utilise **would** dans les phrases pour parler du conditionnel, de ce qui pourrait se passer. **Would** est souvent abrégé en **'d**. Regarde aussi **like**.*

to write

écrire

- They write
  to each other.

  Ils s'écrivent.

> *Attention ! Le passé de **write** est **wrote** et le participe passé est **written**.*

> *Sais-tu que **write** et **right** se prononcent de la même manière ? Va trouver **right** dans le dictionnaire pour voir ce qu'il veut dire.*

wrong

mauvais, mauvaise,
mauvaises

- That's the wrong answer.

  C'est la mauvaise réponse.

- You're wrong.

  Tu as tort.

- What's wrong?

  Qu'est-ce qui ne va pas ?

Y

a year
une année
- I spent a year in Canada.
  J'ai passé une année au Canada.

yellow
jaune, jaunes
- a yellow car
  une voiture jaune

Yellow cabs
*Les taxis de New York sont souvent jaunes et s'appellent **yellow cabs**. Tu les as sûrement déjà vus à la télé !*

yes
oui
- Would you like some coffee?
  — Yes, please.
  Voulez-vous du café ?
  — Oui, s'il vous plaît.

yesterday
hier
- I played with my friends yesterday.
  J'ai joué avec mes amis hier.
- yesterday morning
  hier matin
- yesterday evening
  hier soir
- the day before yesterday
  avant-hier

The UK and London

Le Royaume-Uni et Londres

Hadrian's Wall
Le mur d'Hadrien,
un ancien mur romain.

Stonehenge
Le plus vieux monument
du Royaume-Uni !

The Gherkin
Ce gratte-ciel s'appelle
« Le Cornichon » !

Nessie
C'est le monstre du Loch Ness.

A bobby
Quel drôle de casque
ce policier !

a black cab
Les taxis londoniens
sont noirs.

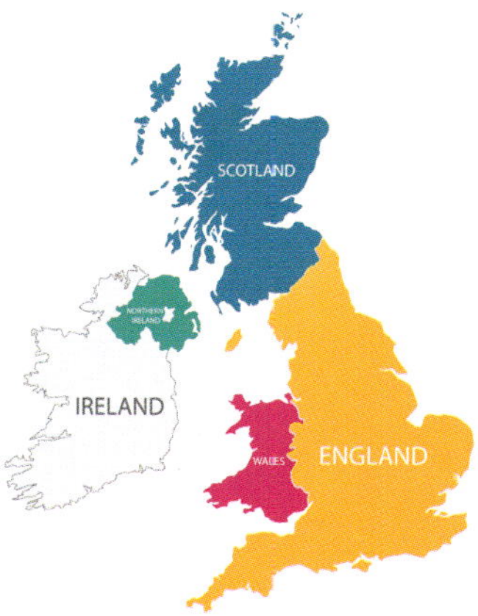

The United Kingdom
Le Royaume-Uni

a guard
Le bonnet de ce garde
est en poils d'ours !

a double-decker bus
Les bus de Londres
ont deux étages.

Buckingham Palace
Le drapeau est là.
Cela veut dire que la reine est chez elle !

The British Museum
On va voir les momies et les pharaons d'Égypte !

The London Eye
On voit tout Londres de là-haut !

The Tower of London
C'est là qu'on garde les joyaux de la Couronne !

Tower Bridge
À Londres il y a 13 ponts.
Celui-ci est le plus célèbre !

The London Underground
C'est le plus vieux métro du monde !

Trafalgar Square
Une statue de Nelson se trouve sur cette place.

The Houses of Parliament
Le parlement britannique s'appelle Westminster.

The River Thames
La Tamise est un peu salée !

A B C D E F G H I J K L M N O P Q R S T U V W X Y Z

you
tu, vous

- **Are you coming?** Tu viens ?
- **Who are you?** Qui êtes-vous ?
- **You're all so nice.**
  Vous êtes tous si gentils.
- **He's talking to you.**
  C'est à toi qu'il parle.
  C'est à vous qu'il parle.
- **I'll call you tonight.**
  Je t'appellerai ce soir.
  Je vous appellerai ce soir.

> En anglais, il n'y a qu'un mot pour « tu » et « vous » : c'est **you**. On s'en sert pour s'adresser aussi bien à un ami qu'à quelqu'un qu'on ne connaît pas, ou à plusieurs personnes.

young
jeune, jeunes

- **You're too young to watch this film.**
  Tu es trop jeune pour regarder ce film.
- **young people**
  les jeunes

your
ton, ta, tes, votre, vos

- **Your dog bit me.**
  Ton chien m'a mordu.
  Votre chien m'a mordu.
- **I like your car.**
  J'aime bien ta voiture.
  J'aime bien votre voiture.

> En anglais, il n'y a qu'un mot pour « ton, ta, tes » et « votre, vos » : c'est **your**. On s'en sert aussi bien en parlant à un ami qu'à quelqu'un qu'on ne connaît pas, ou à plusieurs personnes.

a zoo
un zoo

- **Let's go to the zoo!**
  Allons au zoo !

Petit lexique français-anglais

A

- **à** to, at
- **acheter** buy
- **adresse** address
- **aider** help
- **aimer** enjoy, love, like
- **aller** go
- **Amérique** America
- **ami, -e** friend
- **anglais, -e** English
- **Angleterre** England
- **animal** animal ; **animal familier** pet
- **année** year
- **anniversaire** birthday
- **appeler** call
- **apporter** bring
- **apprendre** learn
- **après-midi** afternoon
- **araignée** spider
- **arbre** tree
- **argent** money
- **arrêter** stop
- **arriver** come
- **assez** enough
- **attendre** wait
- **aujourd'hui** today
- **au revoir** goodbye
- **avant** before
- **avec** with
- **avion** plane
- **avoir** have

B

- **bague** ring
- **balle** ball
- **banane** banana
- **bateau** boat
- **beaucoup** a lot ; **beaucoup de** much, many
- **bébé** baby
- **beurre** butter
- **bien** well
- **bientôt** soon
- **bienvenue !** welcome!
- **blanc, blanche** white
- **bleu, -e** blue
- **boire** drink
- **boisson** drink
- **bonbon** sweet
- **bon, bonne** right, good
- **bonjour** hello
- **botte** boot
- **bouteille** bottle
- **bras** arm
- **bureau** office
- **bus** bus

C

- **cadeau** present
- **café** coffee
- **carotte** carrot
- **carte** map
- **carte postale** postcard
- **casser** break
- **ce, c', ceci** this
- **ce, c', cela** that
- **célèbre** famous
- **ces** these, those
- **chaise** chair
- **chambre** bedroom
- **chanson** song
- **chanter** sing
- **chapeau** hat
- **chaque** each
- **chat, chatte** cat
- **château** castle
- **chaud, -e,** hot
- **chaussette** sock
- **chaussure** shoe
- **chemin** way
- **chemise** shirt
- **chercher** look for
- **cher, chère** dear
- **cheval** horse
- **cheveux** hair
- **chez soi** home
- **chien, chienne** dog
- **chocolat** chocolate
- **chose** thing
- **ciel** sky
- **cinéma** cinema
- **comme** like
- **commencer** begin
- **comment** how
- **comprendre** understand
- **compter** count
- **confiture** jam
- **courir** run
- **courses** shopping
- **crayon** pencil
- **crocodile** crocodile
- **cuisine** kitchen ; **faire la cuisine** cook

D

- **dame** lady
- **danser** dance
- **de** of, from ; **du, de la, de l', des** some, any
- **debout : être debout** stand
- **dehors** out, outside
- **déjeuner** lunch
- **demain** tomorrow
- **demander** ask
- **désolé, -e** sorry
- **dessin** picture, drawing
- **dessiner** draw
- **détester** hate
- **devoir** must, have to
- **dîner** dinner
- **dire** say, tell
- **donner** give
- **dormir** sleep
- **dos** back
- **douche** shower
- **drapeau** flag ; **drapeau britannique** Union Jack
- **droit, -e** right
- **drôle** funny

E

- **eau** water
- **école** school
- **écouter** listen
- **écrire** write
- **éléphant** elephant
- **elle** she, it
- **elles** they
- **e-mail** email
- **emploi** job
- **en** by
- **en bas** down
- **encore** again ; **encore un, une** another
- **endroit** place
- **enfant** child
- **en haut** up
- **en retard** late
- **ensemble** together
- **environ** about
- **envoyer** send
- **escalier** stairs
- **essayer** try
- **et** and
- **étoile** star
- **être** be

F

- **faire** make, do
- **famille** family
- **femme** woman
- **fenêtre** window
- **fermer** close
- **feu** fire
- **fille** girl, daughter
- **film** film
- **fils** son
- **fin** end
- **fleur** flower
- **fleuve** river
- **football** football
- **frère** brother
- **frite** chip
- **froid, -e** cold
- **fromage** cheese
- **fruits** fruit

G

- **gagner** win
- **garçon** boy
- **gâteau** cake
- **gauche** left
- **génial, -e** great
- **gens** people
- **glace** ice, ice cream
- **grand, -e** big
- **gratuit, -e** free
- **guitare** guitar

H

- **habiter** live
- **Halloween** Hallowe'en
- **herbe** grass
- **heureux, -euse** happy
- **hier** yesterday
- **histoire** story
- **hobby** hobby
- **homme** man
- **horloge** clock

I

- **idée** idea
- **il** he, it
- **ils** they
- **importance : avoir de l'importance** matter
- **Internet** internet
- **inviter** invite

J

- **jambe** leg
- **jardin** garden
- **jaune** yellow
- **je, j'** I
- **jeu** game
- **jeune** young
- **jouer** play
- **jouet** toy
- **jour** day
- **jupe** skirt
- **jus** juice
- **juste** fair

L

- **là-bas** there
- **lac** lake
- **laisser** let
- **lait** milk
- **lapin** rabbit
- **le, la, l', les** the
- **légume** vegetable
- **lent, -e** slow
- **lettre** letter
- **leur** their
- **libre** free
- **lion** lion
- **lire** read
- **lit** bed
- **livre** book
- **Londres** London
- **lui** him, her
- **lumière** light
- **lune** moon
- **lunettes** glasses ; **lunettes de soleil** sunglasses

M

- **ma** my
- **magasin** shop
- **main** hand
- **maintenant** now
- **mais** but
- **maison** house
- **mal : faire mal** hurt
- **malade** ill
- **maman** mum
- **manger** eat
- **manteau** coat
- **marcher** walk
- **match** match
- **matin** morning
- **mauvais, -e** bad, wrong
- **médecin** doctor
- **meilleur, -e** best
- **même** same
- **mer** sea
- **merci** thanks
- **mère** mother
- **merveilleux, -euse** wonderful
- **mes** my
- **mettre** put, wear
- **mieux** better
- **moi** me
- **moins de** less
- **mois** month
- **mon** my
- **montagne** mountain
- **montre** watch
- **morceau** piece
- **mur** wall
- **musique** music

N

- **nager** swim
- **neige** snow
- **neiger** snow
- **ne ... jamais** never
- **ne ... pas** not
- **ne ... rien** nothing
- **Noël** Christmas
- **noir, -e** black
- **nom** name
- **non** no
- **nos** our
- **notre** our
- **nourriture** food
- **nous** we, us
- **nouveau, -elle** new
- **nuage** cloud
- **nuit** night

O

- **occupé, -e** busy
- **œil** eye
- **œuf** egg
- **oiseau** bird
- **or** gold
- **ordinateur** computer
- **orange** orange
- **où** where
- **oublier** forget
- **oui** yes
- **ouvrir** open

P

- **pain** bread
- **pantalon** trousers
- **papa** dad
- **papier** paper
- **Pâques** Easter

- **parce que** because
- **parfois** sometimes
- **parler** speak, talk
- **pauvre** poor
- **payer** pay
- **pays** country
- **peindre** paint
- **penser** think
- **perdu, -e** lost
- **père** father
- **personne** person
- **petit, -e** little, small
- **petit déjeuner** breakfast
- **peu** bit
- **peut-être** maybe
- **piano** piano
- **pièce** room
- **pied** foot
- **pire** worse, worst
- **piscine** swimming pool
- **plage** beach
- **plan** map
- **pleurer** cry
- **pleuvoir** rain
- **pluie** rain
- **plus de** more
- **poisson** fish
- **pomme** apple
- **pomme de terre** potato
- **porte** door
- **poste** post office
- **poulet** chicken
- **pour** for
- **pouvoir** can
- **préféré, -e** favourite
- **préférer** prefer
- **prendre** take
- **prêt, -e** ready
- **professeur, -e** teacher
- **propre** clean
- **prudent, -e** careful
- **puis** then
- **pyjama** pyjamas

Q

- **quand** when
- **quelque chose** something
- **quelqu'un** somebody
- **qu'est-ce que, qu'est-ce qui** what
- **qui** who ; **à qui** whose

R

- **rapide** fast
- **recevoir** get
- **regarder** look, watch
- **reine** queen
- **rencontrer** meet
- **ressembler** look like
- **retour : de retour** back
- **rhume** cold
- **riche** rich
- **rivière** river
- **riz** rice
- **robe** dress
- **robot** robot
- **roi** king
- **rose** pink
- **rouge** red
- **route** road
- **rue** street

S

- **sa** his, her, its
- **sale** dirty
- **salle de bains** bathroom
- **salut** hi, bye
- **sans** without
- **s'asseoir** sit
- **sauf** except
- **savoir** know, can
- **savon** soap
- **sec, sèche** dry
- **se dépêcher** hurry up
- **se lever** get up
- **semaine** week
- **se passer** happen
- **se rappeler** remember
- **serpent** snake
- **serviette** towel
- **ses** his, her, its
- **seulement** only
- **seul, -e** alone
- **si** so
- **s'il te plaît, s'il vous plaît** please
- **singe** monkey
- **sœur** sister
- **soir** evening
- **soleil** sun
- **sonner** ring
- **son** his, her, its
- **sourire** smile
- **souris** mouse
- **sport** sport
- **stylo** pen
- **sucre** sugar
- **sur** on

T

- **ta** your
- **table** table
- **tee-shirt** T-shirt
- **téléphone** phone
- **télévision** television
- **tellement** such
- **temps** time
- **tennis** tennis
- **tes** your
- **tête** head
- **thé** tea
- **tigre** tiger
- **timbre** stamp
- **toilettes** toilet
- **tomate** tomato
- **ton** your
- **toujours** always
- **tour** turn
- **tourner** turn
- **tout, -e** all, every
- **train** train
- **tranquille** quiet
- **travail** work
- **travailler** work
- **très** very ; **très bien** fine
- **triste** sad
- **trop** too
- **trouver** find
- **tu** you

U V W

- **un, une** a
- **vacances** holiday
- **vache** cow
- **vélo** bicycle
- **vent** wind
- **verre** glass
- **vert, -e** green
- **viande** meat
- **vieux, vieille** old
- **ville** town
- **visage** face
- **visiter** visit
- **voir** see
- **voiture** car
- **voler** fly
- **vos** your
- **votre** your
- **vouloir** want
- **vous** you
- **vraiment** really
- **vrai, -e** true
- **week-end** weekend
- **zoo** zoo

Crédits photographiques

fotolia.com : robbie_ , 1xpert , 2dmolier, 31moonlight31, 3d_molier International, abadonian, absolutimages, Africa Studio, afxhome, ag visuell, Agota, akf, Aleksander Kaczmarek, Aleksandr Kurganov, Aleksandr Matveev, Aleksandr Sementinov, Alekss, alenaphoto, AlenKadr, Alex Staroseltsev, Alexander, Alexander Raths, Alexander Yakovlev, alexlmx, algre, Alik Mulikov, alphaspirit, alter_photo, anankkml, Anatolii, Anatoly Tiplyashin, andersphoto, Andrea Petrlik Huseinovic, andreusK, Andrey Armyagov, Andrey Bandurenko, Andrey Kiselev, Andrey Kuzmin, Andrey Popov, andriigorulko, Andrzej Tokarski, angiolina, Anthony Brown, Anton Harets, Anton Ignatenco, Antonio, Arl-Pictures, artemp1, artitwpd, atoss, auremar, austinadams, Avanne Troar, Azaliya (Elya Vatel), B.Bulychev, Baiba Opule, baibaz, ballabeyla, BApictures, Barbara Helgason, Bastos, beatrice preve, bietau, bigacis, BillionPhotos.com, Bjoern Wylezich, Blaj Gabriel, bluebat, boophuket, Boris Zerwann, boygostockphoto, Brad Pict, Brian Jackson, Broquart.Photography, burnell1, BVDC, by-studio, CALAMARDEBIEN, carmelod, Catalin Petolea, Cherkas, Cherry-Merry, chrisdorney, Christian Fischer, Cigdem, Claudia Paulussen, Claudio Divizia, Combes Frederic, Constantinos, Coprid, cosma, cristi180884, cynoclub, cys, czarny_bez, D.R., DA, DadoPhotos, Daniel Thornberg, davidsonlentz, Dembowiak, Denis Rozhnovsky, Designer_Andrea, destina, detailblick-foto, Di Studio, Diashule, Dibrova, Diego Cervo, dimedrol68, dimj, dinaphoto, Dionisvera, dionoanomalia, dionoanomalia, Direk Takmatcha, Dirima, Dixi_, Dmitry Naumov, domnitsky, Dr. Thomas Lammeyer, DragonImages, Drobot Dean, drubig-photo, drx, Duncan Noakes, Edyta Pawlowska, Egor Rodynchenko, egorvector, eightstock, electriceye, Elegant Solution, elina_lava, ellisia, Elnur, Elnur Amikishiyev, enterphoto, Eric Hood, Eric Issele, Eric Isselée, Eric Valenne, etienne@vosk-praha.cz, Evgenia Tiplyashina, EvgeniiAnd, fantasy, Farinoza, Federico Rostagno, felinda, Feng Yu, flik47, Focus Pocus LTD, Fotios Karakasis, fotiy, fotobeam.de, fotofabrika, fotogestoeber, FotoJagodka, Fotomaster, freshidea, furmananna, gamelover, gavran333, Gelpi, georgina198, GeraKTV, giadophoto, gitusik, Gleam, Glenda Powers, GLUE STOCK, Gordana Sermek, goritza, Gouraud Studio, GraphicHead, Gresei, grounder, Gualtiero Boffi, guarddon, gugelleonid, Happy monkey, He2, heremedpra, HighwayStarz, http://armyagov.com, http://foto.fritz.st, Hyrma, Iakov Filimonov, ibphoto, iko, ILYA AKINSHIN, iMarzi, Indiloo, iordani, irantzuarb, Irina K., irinapirina, Isaiah Shook, iuneWind, ivan.egorov, Ivonne Wierink, Jacek Chabraszewski, Jacek Fulawka, JackF, Jaimie Duplass, Jason Salmon, javier brosch, Jeka84, Jelena Ivanovic, Jemastock, JenkoAtaman, Jim Pintar, Jiri Hera, Joe Gough, Joerg Rofeld, JohanSwanepoel, Jonathan Stutz, Joshua Resnick, Judith Flacke, Juri Samsonov, jurij_kachkovskij, K.-U. Häßler, Kajenna, Kalim, kamasigns, kamonrat, kanashe_yuliya, KanchanaP., kaparulin, karam miri, karandaev, Karen Roach, Katarzyna Bialasiewicz Photographee.eu, Kayros Studio, KB3, kei907, klenger, kmiragaya, KOHb, koldunova, koltukov, Konstantin Kalishko, Konstantinos Moraiti, koosen, Koufax73, kovaleva_ka, KRYVINSKYI_IGOR, ksena32, kudla.com.ua, kv_san, L.Bouvier ; ladysuzi, lamppost, lanych, Lauritz Afflerbach, Leigh Prather, lenets_tan, Leslie Banks, leungchopan, lev dolgachov, LEVENT KONUK, lifeonwhite.com, lilibella, LIPSKIY PAVEL, littlestocker, ljsphotographyonline, Ljupco Smokovski, llandrea, Love the wind, lucielang, Lucky Dragon, Luis Louro, lunavion, M. Schuppich, M.studio, macondos, macrovector, MAKI, makoto-garage.com, Manuel faba- R.L, Mara Zemgaliete, mariesacha, Mariusz Blach, markus_marb, maron, martincp, Matador, mates, matiasdelcarmine, MaZi, md3d, mdorottya, Michael Burrell, Mickeing, MicroOne, Minerva Studio, Miroslawa Drozdowski, mkos83, Mny-Jhee, MO:SES, Monkey Business, mrjpeg, Mushy, napatcha, nata777_7, nataba, Natalja Stotika, natasnow, nattanan726, naulicreative, Nikolai Sorokin, ninoninos, Nirut Sangkeaw, nirutft, Nomad_Soul, nys, oben901, objectsforall, Odem1970, Odua Images, Oksana Kuzmina, Oksana Tkachuk, olegmalyshev, Oleksandr Kostiuchenko, olhastock, olive1976, Oliver Boehmer - bluedesign®, OTSPHOTO, paffy, Pakhnyushchyy, pandavector, Patrice BOUCHER, Patrick Foto, pavector, Pavlo Vakhrushev, PECOLD, Petair, pete pahham, petrdlouhy, Phive Imaging Studio, Photo Euphoria Stock Photography, photocrew, PhotoKD, photology1971, PHOTOMORPHIC PTE. LTD., photoworld, piaskun_, pics721, Picture-Factory, pioneer111, pixelklex, pixindy, poligonchik, pololia, pongsakorn_jun26, Popova Olga, praphab144, Preecha Suvarnathong, prescott09, producer, Proximo, ptasha, Rafael Classen, rafwillems, Rawpixel Ltd., realperson, rebius, rgvc, Richard Griffin, Riko Best, rimglow, Robert Kneschke, robert6666, Robin, robootb, Roman Gorielov, Ronnie Chua, Ruth Black, S_E, sabelskaya, Sabphoto, Sabrina Allen, sacura14, SahinMurat, Sandra van der Steen, sasapanchenko, Sashkin, savanno, Scanrail, Sean Locke Photography, sebastien tibeau, SEREGAM, Sergei Kolesnikov, Sergey Novikov (SerrNovik),Serghei Platonov, Serghei Platonov, Sergii Figurnyi, Sergiy Bykhunenko, Sergiy Nykonenko, SergiyN, sergojpg, Shchipkova Elena, shefkate, Shmel, showcake, Sikorski-Fotografie, Silkstock, simmittorok, simoneminth, sirikorn, sixdays, skumer, Slava Rutkovski, sommai, Sozh, Springfield Gallery, Springoz, srki66, StarJumper, Stockcreations, stockphoto-graf, StockRaphy, stockshoppe, Studio Gi, Success, sveta, svetamart, svetaorlova, Sviatlana, Syda Productions, sytilin, Taddle, takasu, tan4ikk, Taras Livyy, Tarzhanova, tashka2000, techstockstudio, Thissatan, Thomas Reimer, Thomas Söllner, thomaslenne, tiero, Tiler84, Timonova Ekaterina, Tom Wang, Tommy Schultz, torsakarin, TR, TrainedPets, trancedrumer, TrudiDesign, underdogstudios, upsik284, V.R.Murralinath, Vadym Cherenko, val2014, valebisba, Valentina R., VALERIYA POTAPOVA, VaLiza, valiza14,Valua Vitaly,VanderWolf Images,venusangel,Veronica Louro,vgstudio, Victoria Kondysenko, viperagp, vitaliismulskyi, Vitalina Rybakova, vitaly tiagunov, volff, Volodymyr Shevchuk, voren1, vystekimages, WavebreakMediaMicro, wckiw, webarma, wibulpas, Will Thomas, windu, wip-studio, Wisky, XEG, yellowj, ylivdesign, Yuganov Konstantin, Yuri Bizgaimer, Zerbor, zhu difeng.

Shutterstock.com : Dmitriy Melnikov, Magdalena Wielobob, Miceking, Pixel 4 Images.

PAPIER À BASE DE FIBRES CERTIFIÉES

HARRAP s'engage pour l'environnement en réduisant l'empreinte carbone de ses livres. Celle de cet exemplaire est de : 1,5 kg éq. CO_2 Rendez-vous sur www.larousse-durable.fr

Imprimé en Italie par La Tipografica Varese Srl, Varese
Dépôt légal : août 2017 – 319357/01
N° de projet : 11034939 – juillet 2017